하루 5분 역사가 쉬워지는

오현선 지음

서사원주니어

하루 5분 역사가 쉬워지는
초등 한국사 용어 일력 365

초판 1쇄 발행 2023년 12월 15일
초판 4쇄 발행 2024년 8월 28일

지은이 오현선 **감수** 배정은

대표 장선희 **총괄** 이영철
기획위원 김혜선 **기획편집** 강교리, 이여진
디자인 양혜민, 최아영 **외주디자인** 이창욱
마케팅 최의범, 김경률, 유효주, 박예은
경영지원 전선애

펴낸곳 서사원주니어 **출판등록** 제2023-000199호
주소 서울시 마포구 성암로330 DMC첨단산업센터 713호
전화 02-898-8778 **팩스** 02-6008-1673
이메일 cr@seosawon.com
네이버포스트 post.naver.com/seosawon
페이스북 www.facebook.com/seosawon
인스타그램 www.instagram.com/seosawon

ⓒ 오현선, 2023

ISBN 979-11-6822-225-0 73910

- 이 책은 저작권법에 따라 보호를 받는 저작물이므로 무단 전재와 무단 복제를 금지합니다.
- 이 책 내용의 전부 또는 일부를 이용하려면 반드시 저작권자와 서사원 주식회사의 서면 동의를 받아야 합니다.
- 잘못된 책은 구입하신 서점에서 바꿔드립니다.
- 책값은 뒤표지에 있습니다.

서사원은 독자 여러분의 책에 관한 아이디어와 원고 투고를 설레는 마음으로 기다리고 있습니다.
책으로 엮기를 원하는 아이디어가 있는 분은 이메일 cr@seosawon.com으로 간단한 개요와 취지, 연락처 등을 보내주세요.
고민을 멈추고 실행해보세요. 꿈이 이루어집니다.

저자 오현선

독서교육 전문가로 23년째 활동하고 있습니다.
독서 교실을 운영하며 어린이들과 매일 읽고 쓰고요,
도서관과 학교에서 학부모님을 만나 독서교육의 참 가치를 전달해 드리고 있습니다.
어린이 네이버 독서 카페 '라온북다움'을 운영하며 전국의 어린이들과
재미있는 독서 프로젝트도 열심히 하고 있어요.
대학원에서 독서 논술을 전공하며, 더 나은 선생님이 되기 위해 애쓰고 있습니다.

지은 책으로는
『초등미니논술일력 365』, 『우리 아이 독서 자립』,
『뚝딱! 미니 논술』, 『초등 완성 생각정리 독서법』,
『초등 짧은 글+긴 글 3단계 완주 독후감 쓰기』, 『하루 10분 바른 글씨 마음 글씨』,
『우리 아이 진짜 독서』, 『우리 아이 진짜 글쓰기』 등이 있습니다.

유튜브 라온쌤의 독서교육 TV
블로그 blog.naver.com/few24 (오쌤의 독서교육 이야기)
인스타그램 @raon_book_teacher
네이버카페 라온북다움 cafe.naver.com/laonbookdaoom

감수 배정은

역사 전공을 하고, 사회탐구 강사로 28년째 활동 중입니다. 인터넷 강의를 14년 동안
진행했고, 금성출판사와 비상교육에서 중등 문제집을 집필, 감수했습니다.
최근 학생들의 어휘력과 문해력 부족 문제를 마주하며,
학생들에게 도움이 되기를 바라며 작업했습니다.

블로그 https://blog.naver.com/sulwha1
인스타그램 @be._.ssam

부모님께

역사를 아는 것은 우리 조상이 살아온 시간을 통해
나, 그리고 우리 주변을 돌아보는 일입니다.
역사책을 읽으면 이 세계를 좀 더 넓게 조망하고 인식할 수 있어요.
그래야 내가 선 자리도 바로 보게 되고 앞으로 나의 삶을 잘 꾸려 나갈 수 있습니다.

이러한 이유로
저는 독서 교실에서 어린이들과 늘 역사책을 읽습니다.
그러나 너무도 방대한 내용, 어려운 용어 때문에
읽기에 어려움을 겪는 어린이를 많이 보았습니다.

용어를 하나씩 하나씩 설명하다 보니,
이것을 한 권의 책으로 정리하면 좋겠다는 생각이 들었어요.
그렇게 초등 한국사 용어 일력 365가 탄생했습니다.

어린이들이 이 한국사 용어 일력을 하루에 한 장씩 넘기며
역사 용어를 하나씩 익히면 좋겠습니다.

1년이라는 시간 동안 천천히 익히다 보면
어느새 우리 역사의 큰 흐름이 보일 거예요.
역사책 한 권을 천천히 곱씹어 읽는 효과도 누릴 수 있을 거고요.

아무리 쉽게 풀어도 역사 자체가 어렵기에
부모님도 같이 보시면서 이야기를 나누어 주세요.
가끔은 역사 탐방의 내용을 보고,
함께 손잡고 나들이를 다녀와 보아도 좋겠습니다.
역사는 보고 듣고 느끼면 더 가깝게, 그리고 생생하게
다가오거든요.

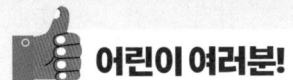 **어린이 여러분!**

안녕하세요? 선생님은 독서 논술을 가르치고 있어요.
독서 논술 교실에서 어린이들과 매일 책을 읽고 쓰고 있지요.

어린이들과 매일 책을 읽다 보면 어린이들이 특히
어려워하는 책이 있어요. 바로 한국사 책이에요.
왜 그럴까요?
한국사 책은 우리나라 역사를
아주 오랜 옛날부터 지금까지 알려 주는 책이에요.
그러다 보니까 요즘 어린이들이 쓰지 않는 용어가 정말 많이 나와요.

그 용어들이 가득한 책을 보고 있으면 눈이 팽팽 돌아간다고 말하는
어린이도 있고요, 무슨 말인지 하나도 모르겠다고 말하는 어린이도 있어요.
한국사를 정말 좋아하는 친구들 말고는 대부분 그렇다고 말해요.

그래서 오래오래 고민한 끝에 선생님이 한국사 용어 일력을 만들었어요.
한국사 용어를 하루에 딱 1개씩만 익히고 배운다면
우리 어린이들이 나중에 한국사 책을 좀 더 편하게 읽을 수 있을 거예요.

참, 한국사 책을 왜 읽어야 하느냐고요?
한국사 책은 우리 조상들이 살아왔던 이야기라서,
우리가 지금의 문제, 앞으로의 문제를 해결하는 데 도움을 주는
매우 귀중한 책이기 때문이랍니다.

한국사 책이 어렵게 느껴진다면 이 일력을 하루에 한 장씩 넘겨 보세요.
한국사 책을 읽은 것만큼의 지식이 머릿속에 쏙쏙 들어올 거예요!

12월 31일

대한민국

2002 한일 월드컵

2002년 한국과 일본이 같이 연 스포츠 대회

2002년 5월 31일부터 6월 30일까지 한국과 일본은 같이 월드컵을 열었어. 대한민국은 이 대회에서 처음으로 16강 본선 진출을 하고 4강까지 진출했어. 국민 모두가 기뻐했지.

한 걸음 더!

2002년 대한민국 국민들은 모두 한마음이 되어 축구 경기를 응원했어. 우리 응원단을 붉은 악마라 불렀는데 그들의 응원 소리가 전국에 울려 퍼졌어.

어제 퀴즈! 분단 55년 만에 김대중 대통령과 김정일 국방 위원장이 발표한 공동 선언이야. 뭘까?

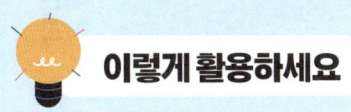
이렇게 활용하세요

이 일력의 1월, 5월, 9월은
한국사 책을 읽을 때 자주 등장하는 기초 용어를 담았어요.
기초 용어부터 익히고 싶다면 해당 월부터 살펴보아도 좋아요.
하루 1개씩 용어를 소리 내어 읽고 그 아래 한 줄 설명을 읽어 보세요.
그다음 좀 더 자세한 설명을 읽어요.

용어 아래에는 한자가 있어요. 용어가 어렵게 느껴지면
한자의 뜻과 음을 읽어 보세요. 이해가 더 잘될 거예요.
더 적극적으로 읽어 보고 싶을 땐 형광펜을 준비해서 표시하는 것도 좋아요.

아래에는 '한 걸음 더', '탐방 정보', '활용 문장'을 담았어요.
더 알면 좋은 내용, 용어와 관련해서 탐방하기 좋은 곳,
용어를 어떻게 사용해야 하는지 알 수 있으니 읽어 보기로 해요.

하루 용어를 익힌 후에는 '어제 퀴즈'를 꼭 풀어 보세요.
전날의 용어가 번뜩 떠오를 거예요.
생각나지 않을 땐 다시 앞장을 보아요.
가족 모두 함께 하면 더 재미있어요.

기초 용어가 있는 1월, 5월, 9월을 제외하고, 나머지 달은
선사 시대부터 현대까지 시대 흐름에 맞게 용어를 넣었어요.
역사 특성상 비슷한 시기에 있던 일이 많아
정확히 맞추지 못한 것도 있으니 참고해서 익혀 보기로 해요.

12월 30일 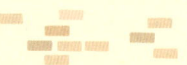 대한민국

6·15 남북 공동 선언

(南 남녘 **남** 北 북녘 **북** 共 함께 **공** 同 같을 **동** 宣 베풀 **선** 言 말씀 **언**)

김대중 대통령과 김정일 국방 위원장이 발표한 공동 선언
(2000년)

2000년 6월 남한의 김대중 대통령과 북한의 김정일 국방 위원장이 분단 55년 만에 평양에서 회담(모여 이야기하는 것)을 가졌어. 회담을 통해 '6·15 남북 공동 선언'을 발표했어. 통일 문제와 이산 가족 문제 등에 대해 잘 협의하자는 내용이 담겨 있었지.

 이후 몇 차례의 남북 정상 회담이 있었고 2018년이 마지막이었어. 다시 두 나라의 정상이 만난다면 어떤 이야기를 하게 될까?

 어제 퀴즈! IMF 외환 위기 때 대통령 자리에 오른 사람으로 북한과 잘 지내려고 노력하며 노벨 평화상을 받은 이 사람은?

이렇게 구성되어 있어요

- 1월 — 역사 기초 용어
- 2월 — 선사 시대
- 3월 — 고구려·백제
- 4월 — 신라 통일 신라
- 5월 — 역사 기초 용어
- 6월 — 가야·발해 후삼국
- 7월 — 고려
- 8월 — 조선 전기
- 9월 — 역사 기초 용어
- 10월 — 조선 후기
- 11월 — 대한 제국 일제 강점기
- 12월 — 대한민국

12월 29일

대한민국

김대중

대한민국 제15대 대통령
(1924년~2009년)

IMF 외환 위기 때 대통령 자리에 오른 사람이야. 기업이 수출을 많이 할 수 있게 하고, 금 모으기 운동도 해서 4년 만에 IMF에 진 빚을 다 갚을 수 있었어. 북한과 잘 지내기 위해 햇볕 정책을 펼쳤어. 6·25 전쟁 이후 남북 정상이 처음으로 만나 평화적인 회담을 가졌기 때문에 노벨 평화상도 받았어.

노벨 평화상은 6개의 노벨상 중에 하나야. 평화를 위해 노력한 사람이나 단체에게 주는 상이지. 한국 최초로 김대중 대통령이 노벨 평화상을 수상했어.

1990년대 말, 외환이 부족해 다른 나라에 빌린 돈을 갚지 못하는 등 어려움을 겪었던 일을 뭐라고 해?

1월

역사 기초 용어

자, 1월은 역사 기초 용어를 배워 보려고 해요.
역사 기초 용어는 역사책을 읽는 내내
자주 나오는 용어예요.

기초 용어를 잘 알아야 역사책을 막힘없이
읽을 수 있겠죠?

맨 처음 '역사'부터 시작해,
역사에서 정말 중요한 기원전, 기원후 구분하기,
그리고 역사 이해를 위한 불교 용어를 익혀 보아요.

12월 28일

대한민국

IMF 외환 위기
(外 바깥 외 換 바꿀 환 危 위태할 위 機 틀 기)

우리나라 최대 경제 위기
(1997년)

1990년대 말 우리나라는 외환이 부족해 다른 나라에 빌린 돈을 갚지 못하는 등 어려움을 겪었어. 많은 은행과 회사가 문을 닫고 일자리를 잃은 사람들이 늘어나면서 경제가 많이 어려워졌어. 그래서 정부는 국제 통화 기금(IMF)에서 외환을 빌려왔고 국민들은 금 모으기 운동도 했어.

국제 통화 기금(IMF)은 세계 무역 안정을 위해서 만들어진 기구야. 세계의 경제 발전을 위해 일하지.

대통령을 국민이 직접 뽑는 직접 선거 제도로 바꾸겠다고 선언한 것을 뭐라고 해?

1월	설날		역사 기초 용어
1일			

역사
(歷 지낼 력(역) 史 역사 사)

예전에 있었던 사건이나 인물에 대해 기록한 것

사람들이 지금까지 살아온 시간, 실제로 있었던 일을 '역사'라고 해. 그중에서도 의미 있는 일을 기록한 거지. 네가 지금까지 살아왔던 시간들이 너의 역사인 것처럼 우리 가족에게도, 나라에도 역사가 있어. 사람들이 살아온 시간을 기록한 인류의 역사도 있고!

 **한 걸음 더!**
역사라는 말은 다양한 의미로 쓰여. 시간이 흘렀다는 의미, 과거에 기록한 기록물이라는 의미, 역사학(역사를 연구하는 학문)이라는 의미 등이 있어. 그만큼 역사는 중요하다는 뜻이지.

 **어제 퀴즈!**
2002년 한국과 일본이 같이 연 스포츠 대회가 있어. 뭐라고 부를까?
*정답은 어제 배운 용어야. 여기에서는 12월 31일의 용어를 찾아봐.

12월 27일

대한민국

6·29 민주화 선언
(民 백성 민 主 주인 주 化 될 화 宣 베풀 선 言 말씀 언)

민주화의 직접 선거 제도를 발표한 선언
(1987년 6월 29일)

6월 민주 항쟁으로 대통령 후보였던 노태우는 대통령을 국민이 직접 뽑는 직접 선거 제도로 바꾸겠다고 선언했어. 그리고 그해 12월 직접 선거 제도를 통해 노태우가 대통령이 되었지.

한 걸음 더!

대통령을 뽑는 방식에는 국민이 직접 뽑는 직접 선거 제도, 국민들의 대표인 선거인단이 뽑는 간접 선거 제도가 있어. 6·29 민주화 선언 이후 우리나라는 직접 선거 제도로 대통령을 뽑고 있어.

어제 퀴즈!

국민들이 직접 대통령을 뽑을 수 있도록 전두환 정권에 맞서 일어난 운동은?

1월 2일

역사 기초 용어

인류
(人 사람 인 類 무리 류)

세계 모든 사람들

사람은 영장류(원숭이, 사람 등)의 일종으로 지구상의 사람을 통틀어 '인류·인간'이라고 해. 동물과 구분 짓기 위해 사람을 한데 묶어 이르는 말이기도 하지. '인류의 역사', '우리 인류는~' 등으로 사용해. 인류는 몇 차례 진화를 거쳐 지금에 이르렀어.

탐방 정보

충청남도 석장리 박물관에 가면 유인원→오스트랄로피테쿠스→호모 하빌리스→호모 에렉투스→호모 사피엔스→호모 사피엔스 사피엔스 순으로 인류의 진화 과정을 뇌의 크기와 함께 전시하고 있어. 가 보면 어떨까?

어제 퀴즈!

예전에 있었던 인물이나 사건에 대해 기록한 것을 뭐라고 할까?

12월 26일

대한민국

6월 민주 항쟁
(民 백성 민 主 주인 주 抗 막을 항 爭 다툴 쟁)

전두환 정권에 맞서 전국에서 일어난 민주화 운동
(1987년)

광주 민주화 운동 이후 대통령은 전두환이 되었어. 두 번째 군사 정권이었지. 그들은 민주주의를 요구하고 대통령을 직접 뽑게 해 달라는 국민의 요구를 무시했어. 결국 전 국민이 일어나 민주주의, 그리고 대통령을 직접 뽑게 해 달라는 대통령 직선제를 요구했어. 이게 '6월 민주 항쟁'이야.

탐방 정보

서울 용산구에는 민주 인권 기념관이 있어. 아픔을 기억하고 미래를 희망하기 위한 취지로 마련된 곳이지. 민주화 운동을 함께 한 대학생이 고문 당하다 세상을 떠난 곳으로 원래는 남영동 대공분실이었어.

어제 퀴즈! 민주화를 간절히 바라며 1980년 전라도 광주에서 일어난 민주화 운동을 뭐라고 해?

1월 3일

역사 기초 용어

시대
(時 때 **시** 代 대신할 **대**)

어느 일정 기간

어떤 기준에 의해서 구분한 일정한 기간을 '시대'라고 해. 가장 크게는 선사 시대, 역사 시대로 사람들이 살아온 시간을 구분하지. 구석기 시대, 신석기 시대 등 이렇게 한 시대 이름 뒤에 붙여 사용해.

활용 문장

- 우리 할아버지가 살던 **시대**에 한국 전쟁이 일어났다고 했다.
- 역사는 선사 **시대**, 역사 **시대**로 나뉜다.

어제 퀴즈! 세계 모든 사람들을 동물과 구분짓기 위해 부르는 말은 뭘까?

| 12월 | 크리스마스 | 대한민국 |
| 25일 | | |

5·18 민주화 운동

(民 백성 민 主 주인 주 化 될 화 運 운전할 운 動 움직일 동)

민주화를 위해 광주에서 일어난 운동
(1980년 5월 18일)

12·12 군사 반란을 통해 군인 세력이 또 다시 권력을 잡으려고 하자 민주주의를 간절히 원하던 국민들이 전국에서 시위를 벌였어. 그중 전라도 광주에서는 민주화를 원하는 시민들의 대규모 시위가 일어났는데 이 사건이 '5·18 민주화 운동'이야. 이 과정에서 군인들이 시민들을 총으로 쏘아 죽이는 비극이 일어났지.

탐방 정보: 광주광역시 동구에는 5·18 민주화 운동 기록관이 있어. 광주의 아픔을 기억하고 민주화의 의미를 새기기 위한 전시가 많아.

어제 퀴즈!: 전두환, 노태우가 중심이 되어 일으킨 군사 반란 사건을 뭐라고 하지?

1월 4일

역사 기초 용어

선사 시대
(先 먼저 선 史 역사 사 時 때 시 代 대신할 대)

역사 이전의 시대

인간이 처음 나타나 글자를 만들고 역사를 기록하기 이전까지를 '선사 시대'라고 해. 수백만 년에 달하는 인류 역사에서 약 95% 정도가 선사 시대였어. 보통 구석기, 신석기, 청동기, 초기 철기까지를 선사 시대라고 하지. 이 당시 사람들의 생활 모습은 유물과 유적을 통해 짐작하고 있어.

탐방 정보

서울 암사동 선사 유적지에 가면 움집터를 볼 수 있어. 박물관에는 빗살무늬 토기 등도 있어서 그 시대를 그대로 느껴 보기 좋아.

어제 퀴즈!
어느 일정 기간을 뜻하는 말이야.
고려□□, 조선□□처럼 쓰이지. 무엇일까?

12월 24일 | 대한민국

12·12 군사 반란
(軍 군사 군 事 일 사 叛 배반할 반 亂 어지러울 란)

전두환, 노태우가 중심이 되어 일으킨 군사 반란 사건

박정희 대통령이 세상을 떠나고 국무총리였던 최규하가 대통령이 되었어. 그런데 일주일이 채 안 되어서 전두환, 노태우를 중심으로 군인들이 군사 정변을 일으켰는데 이 사건이 '12·12 군사 반란'이야.

활용 문장
- 1979년 12월 12일에 전두환, 노태우 등 신군부를 중심으로 **12·12 사태**가 일어났다.
- **12·12 사태**는 전두환을 중심으로 일어났다.

어제 퀴즈! 박정희 정부가 농촌을 새롭게 바꾸는 것을 목적으로 시작한 지역 사회 개발 운동을 뭐라고 해?

1월 5일

역사 기초 용어

역사 시대

(歷 지낼 **력(역)** 史 역사 **사** 時 때 **시** 代 대신할 **대**)

기록으로 남아 있는 시대

인간에게 있었던 일, 살아온 모습 등을 문자로 남겨 기록이 남아 있는 시기를 말해. 문헌 자료·비석을 통해 역사를 연구하고 우리가 배울 수도 있지. 이런 자료가 없이 유물, 유적만으로 시대 특징을 보게 되면 선사 시대야.

활용 문장

- 선사 시대와 **역사 시대**를 구분하는 기준은 기록이 있느냐 없느냐이다.
- **역사 시대** 기록이 있어 우리가 역사를 공부할 수 있다.

어제 퀴즈! 역사로 기록되기 이전의 시대를 뭐라고 할까?

12월 23일 — 대한민국

새마을 운동
(運 운전할 운 動 움직일 동)

전 국민 지역 사회 개발 운동
(1970년)

박정희 정부가 농촌을 새롭게 바꾸는 것을 목적으로 시작한 운동이야. 초가집을 없애고 좋은 농기구를 나누어 주고, 도로를 포장하는 등, 농촌을 발전시키기 위한 여러 가지 일을 했어.

탐방 정보
경상북도 청도군에는 새마을 운동 발상지 기념관이 있어. 새마을 운동의 성과와 과정을 살펴볼 수 있는 내용들이 전시되어 있지.

어제 퀴즈! 1962년부터 1986년까지 나라를 발전시키기 위해 5년을 기준으로 세운 계획을 뭐라고 할까?

시조

(始 비로소 **시** 祖 할아비 **조**)

처음 임금

어떤 나라나 가문(집안)의 맨 처음이 되는 조상을 뜻해. '맨 처음 할아버지', 즉 나라를 처음 세운 사람이지. 고조선의 시조 임금, 고구려의 시조 임금 등으로 표현할 수 있어.

활용 문장
- 대한민국 첫 나라인 고조선의 **시조**는 단군 왕검이다.
- 고구려 **시조**인 주몽은 알에서 태어났다.

어제 퀴즈! 기록으로 남아 있는 시대를 뭐라고 할까? 선사 시대와 대비되는 말이야.

12월 22일

대한민국

경제 개발 5개년 계획

(經 경서 경 濟 건널 제 開 열 개 發 필 발 五 다섯 오 個 낱 개 年 해 년 計 셀 계 劃 새길 획)

나라 발전을 위한 경제 계획
(1962년~1986년)

1962년부터 1986년까지 나라를 발전시키기 위해 총 5차례 5년 단위를 기준으로 계획을 세웠어. 에너지 자원을 확보하고 공장을 건설하며, 국민들의 수입을 높이고 수출을 늘리는 등의 노력으로 대한민국은 많이 발전할 수 있었어.

활용 문장

- 박정희 정부는 경제를 더 발전시키기 위해 **경제 개발 5개년 계획**을 실시했다.
- **경제 개발 5개년 계획**으로 나라가 발전했다.

어제 퀴즈! 유신 체제 아래에서 만들어진 헌법을 뭐라고 해?

1월 7일

역사 기초 용어

기원전

(紀 벼리 기 元 으뜸 원 前 앞 전)

예수 탄생 전

기원은 햇수를 세는 기준이 되는 해를 말해. 햇수를 세는 기준은 예수의 탄생이야. 그래서 그 이전을 말할 때는 '기원전'이라고 하고, B.C.(Before Christ)라고도 쓰지.

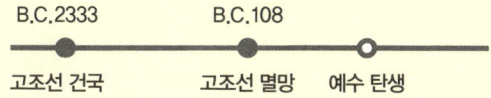

B.C.2333 — 고조선 건국
B.C.108 — 고조선 멸망
예수 탄생

한 걸음 더!

기원전은 예수 탄생을 기준으로 거꾸로 세야 해. 그래서 숫자가 클수록 오래전이야. 우리 첫 나라인 고조선은 기원전 2333년(예수가 탄생하기 2333년 전이란 뜻)에 세워져서 기원전 108년(예수가 탄생하기 108년 전이란 뜻)에 멸망했어.

어제 퀴즈!

어느 한 나라의 첫 번째 임금을 뭐라고 하지?

12월 21일

대한민국

유신 헌법

(維 벼리 유 新 새로울 신 憲 법 헌 法 법도 법)

유신 체제 아래에서 만들어진 헌법
(1972년 10월 17일)

박정희가 1972년 10월 17일 세상에 알린 법이 '유신 헌법'이야. 독재를 하기 위해 법 중에서 가장 크고 기본이 되는 헌법도 무시하고 만든 법이었지. 그 법에 의해 다스려지던 시대를 유신 시대, 그러한 법과 제도를 '유신 체제'라고 해.

활용 문장
- **유신 헌법**은 사실상 박정희의 독재를 위한 법이었다.
- 박정희 시대의 법을 **유신 헌법**이라고 한다.

어제 퀴즈! 5·16 군사 정변으로 대통령이 되어 18년간 대통령 자리에 있었던 사람은?

1월 8일

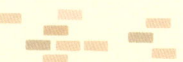
역사 기초 용어

기원후
(紀 벼리 기 元 으뜸 원 後 뒤 후)

예수 탄생 후

'기원후'는 예수가 탄생한 후를 말해. A.D. (라틴어로 Anno Domini)라고 쓰는데 '그리스도의 해'라는 뜻이야. B.C. 1년과 A.D. 1년 사이에 0년은 없어. 그래서 기원전 1년의 다음은 기원후 1년이 되는 거야.

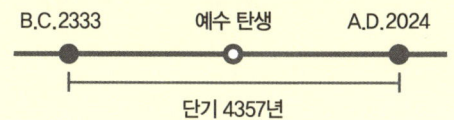

단군이 왕의 자리에 오른 때를 기준으로 하는 '단기(檀 박달나무 단, 紀 벼리 기)'도 있어. 2024년은 고조선이 세워진 기원전 2333년을 기준으로 본다면 단기 4357년이 되는 거지!

 역사 연도를 이야기할 때 예수가 탄생하기 전을 뭐라고 하지?

12월 20일

대한민국

박정희

군인이자 정치가, 대통령
(1917년~1979년)

5·16 군사 정변으로 대통령이 된 사람이야. 18년 동안 대통령 자리에 있으면서 국가의 경제 발전을 위해 일하고 산업을 발전시키고 농촌 개발 운동도 했어. 경제는 발전했지만 계속 대통령을 하기 위해 헌법을 마음대로 고치고, 자유와 권리를 찾으려는 사람들을 힘들게 했지.

한 걸음 더! 박정희는 1979년 10월 26일 부하에 의해 죽게 돼. 이를 10·26 사태라고 해.

어제 퀴즈! 평화 시장에서 일했던 노동자로 노동자 환경 개선을 위해 자신의 몸을 불태운 사람이야. 누굴까?

1월 9일

역사 기초 용어

한국사

(韓 나라 한 國 나라 국 史 역사 사)

한국의 역사

한반도를 중심으로 일어났던 일을 기록한 역사야. 우리의 첫 나라인 고조선이 기원전 2333년에 세워졌는데, 한반도에 사람이 살기 시작한 것은 70만년 전 구석기 시대부터야. 이때부터 지금까지의 기록이 한국사인 거지.

한 걸음 더!

지구에 있는 모든 나라 또는 인류가 살아온 사회 전체를 세계라고 해. 그리고 그 세계를 다룬 역사를 '세계사'라고 하지. 세계사 안에는 한국사도 포함이 돼.

어제 퀴즈!

연도를 말할 때 예수가 탄생한 후는 연도 앞에 어떤 말을 붙이지?

12월 19일

대한민국

전태일

노동자의 권리를 위해 희생한 운동가
(1948년~1970년)

청계천 평화 시장의 한 공장에서 일하던 노동자야. 노동자의 권리가 전혀 지켜지지 않는 것에 분노하여 자신의 몸에 불을 질러 스스로를 희생했어. 이 일로 노동자들이 얼마나 힘든 환경에서 일하는지 사람들은 알게 되었지. 이후 노동자들의 노동 환경이 나아지기 시작했어.

서울 종로구에는 전태일 기념관이 있어. 서울시와 전태일 재단이 함께 세운 이 기념관에는 그의 정신을 엿볼 수 있는 전시들이 있어.

어제 퀴즈! 박정희와 군인들이 힘으로 정권을 빼앗은 사건을 뭐라고 해?

1월 10일

역사 기초 용어

한반도
(韓 나라 한 semi 반 島 섬 도)

우리나라 땅을 뜻하는 말

우리나라는 삼면이 바다야. 동쪽과 서쪽, 그리고 남쪽이 모두 바다와 닿아 있지. 그래서 '반'이 '섬'이라는 의미로 '반도'라고 불러. 거기에 한국을 뜻하는 '한'자를 붙여 '한반도'라고 해.

활용 문장
- **한반도**는 남과 북으로 나누어져 있다.
- 우리나라를 부를 때 흔히 **한반도**라고 한다.

어제 퀴즈! 우리나라의 역사를 뭐라고 하지?

12월 18일 — 대한민국

5·16 군사 정변
(軍 군사 **군** 事 일 **사** 政 정사 **정** 變 변할 **변**)

박정희와 군인들이 힘으로 정권을 빼앗은 사건
(1961년)

이승만 대통령이 물러난 후 1961년 5월 16일 박정희와 일부 군인들이 정권을 잡으려고 했어. 이 사건이 '5·16 군사 정변'이야. 이후 1963년에 박정희가 대통령이 되었지.

활용 문장
- 5·16 군사 정변을 통해 박정희가 대통령이 되었다.
- 박정희를 중심으로 군인들이 5·16 군사 정변을 일으켰다.

어제 퀴즈! 이승만의 독재를 원치 않은 국민들이 벌인 운동을 뭐라고 해?

1월 11일

역사 기초 용어

세기
(世 세대 세 紀 벼리 기)

백 년을 단위로 세는 기간

서양의 달력을 기준으로 100년을 묶어 연도를 세는 것을 말해. 서양 기준에서는 100년을 1세기라고 해. 1년부터 100년까지는 1세기, 101년부터 200년까지는 2세기야.

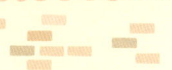

한 걸음 더! 요즘 시대를 21세기라고 해. 101년부터 2세기니까, 2001년도부터는 21세기가 되는 거지.

어제 퀴즈! 우리나라 땅을 반은 섬이라고 해서 부르는 말은 뭘까?

12월 17일

대한민국

4·19 혁명
(革 가죽 **혁** 命 목숨 **명**)

이승만의 독재를 원치 않은 시민들의 민주주의 운동
(1960년)

첫 번째 대통령인 이승만은 12년 동안 독재를 했어. 계속 대통령 자리에 머무르고 싶어서 법도 바꾸었지. 1960년에 표를 조작해 이기붕을 부통령 자리에 앉히려고 하자 국민들은 화가 났어. 이승만이 대통령 자리에서 물러나길 바라는 마음으로 운동을 벌였는데, 이게 '4·19 혁명'이야. 결국 이승만은 물러났어.

서울 강북구에는 국립 4·19 민주 묘지가 있어. 당시 희생된 분들을 모신 곳이지. 이를 기리는 기념탑도 세워져 있어.

이승만이 대통령 자리에 다시 뽑히기 위해 1960년 3월 15일 치러진 부정 선거를 뭐라고 해?

1월 12일

역사 기초 용어

반만년
(半 반 **반** 萬 일만 **만** 年 해 **년**)

만년의 반, 즉 오천 년

우리나라 역사를 흔히 '반만년' 역사라고 해. 만 년의 반이 반만년, 즉 오천 년을 말하는 거지. 기원전 2333년 고조선 건국부터 2024년까지의 시간이 총 4357년이지? 거의 5000년에 가깝다고 해서 반만년의 역사라고 부르곤 해.

활용 문장
- 대한민국은 **반만년**의 역사를 가지고 있다.
- **반만년** 역사를 잘 이어가는 대한민국이 되면 좋겠다.

어제 퀴즈! 백 년을 단위로 세는 기간을 뭐라고 하지?

12월 16일

대한민국

3·15 부정 선거
(不 아닐 부 正 바를 정 選 가릴 선 擧 들 거)

1960년 3월 15일에 치러진 부정 선거

1960년 3월 15일, 대통령과 부통령을 뽑는 선거가 있었어. 이때 제1대 대통령이었던 이승만은 다시 뽑히기 위해 투표함을 바꾸는 등, 옳지 못한 방법으로 선거를 치렀어.

경상남도 창원시 마산에는 국립 3·15 민주 묘지가 있어. 3·15 부정 선거에 저항하다 희생된 분들을 기리는 곳이야.

어제 퀴즈! 전쟁을 쉬며 군사적으로 경계를 그은 선을 뭐라고 해?

1월 13일

역사 기초 용어

유물
(遺 남길 유 物 만물 물)

옛 사람들이 남긴 물건

앞서 산 사람들이 다음 시대 사람들에게 남긴 물건이야. 비교적 작아서 위치를 바꿀 수 있는 물건을 말해. 옛 사람들이 쓰던 그릇, 옷 등이지. 이걸 보고 우리는 그 당시 사람들이 어떻게 살았는지 짐작하기도 해.

한 걸음 더!

2023년 7월 4일, 1500년 전 신라 공주의 무덤인 '경주 쪽샘 44호분'에서 금동관, 귀걸이, 가슴걸이, 허리띠 장식 등의 유물이 추가로 발굴되었다는 기사가 나왔어. 쪽샘 유적 발굴관에서 7월 12일까지 일반인에게도 공개했어.

어제 퀴즈!

우리나라 역사를 말할 때 흔히 만 년의 반 정도라고 해서 이렇게 불러. 뭘까?

12월 15일

대한민국

휴전선
(休 쉴 휴 戰 싸울 전 線 선 선)

전쟁을 쉬며 군사적으로 경계를 그은 선

6·25 전쟁을 쉬기로 결정하면서 '휴전선'이 설치되었어. 그리고 그 사이에는 서로의 충돌을 막기 위해 비무장 지대를 두었지. 처음 남한과 북한이 나누어질 때 그어진 38도선과는 경계가 조금 달라.

한 걸음 더! 비무장 지대는 휴전선을 기준으로 남북 각각 2km의 구간에 설치된 곳인데 무기나 군대 등을 두지 않기로 한 곳이야. 오랫동안 사람이 머물지 않아 생태계가 다시 회복되었어.

어제 퀴즈! 전쟁 중인 두 나라가 전쟁을 멈추자고 약속하는 것을 뭐라고 해?

1월 14일

역사 기초 용어

유적
(遺 남길 유 蹟 자취 적)

옛 사람들이 살던 흔적

앞서 산 사람들이 살던 흔적 등을 말해. 형태가 매우 크고 위치를 변경할 수 없는 무덤, 건물, 건물터, 집터, 절터 등이 있어. 암사동 선사 주거지나 강화도 고려 궁터 등이 대표적인 유적지야.

활용 문장
- 유물과 **유적**은 중요한 역사 자료이니 국가에서 잘 보호해야 한다.
- **유적**지에 가면 조상들의 생생한 숨결을 느낄 수 있다.

어제 퀴즈! 옛 사람들, 조상들이 남긴 물건을 뭐라고 해?

12월 14일

대한민국

휴전 협정
(休 쉴 휴 戰 싸울 전 協 화합할 협 定 정할 정)

전쟁 중인 두 나라가 전쟁을 멈추자고 약속하는 것
(1953년)

1953년 7월 27일, 남한과 북한은 전쟁을 멈추자고 약속했어. 당시 국제 연합(UN)군 총사령관인 마크 웨인 클라크, 북한 김일성, 중공 인민 지원군 사령관 펑더화이가 서명을 해서 3년이 넘어가던 전쟁을 멈추고 휴전 상태에 들어갔어. 그 이후 남한과 북한은 지금까지 계속 나뉘어 있는 상태야.

활용문장
- **휴전 협정**을 맺은 후 6·25 전쟁은 멈추었다.
- 전쟁을 그만 멈추자고 약속하는 것을 **휴전 협정**이라고 한다.

어제 퀴즈! 인천에서 유엔과 국군이 펼친 상륙 작전을 뭐라고 해?

1월 15일

역사 기초 용어

문화유산
(文 글월 **문** 化 될 **화** 遺 남길 **유** 産 낳을 **산**)

후손에게 남길 만한 조상들의 문화

조상들의 문화 중에서 후손들에게 물려주고 알릴 가치가 있는 것을 통틀어 '문화유산'이라고 해. 당시 사용하던 유물, 유적, 성이 있던 자리, 놀이, 생활 도구 등이 있어.

유네스코에서는 잘 보존할 가치가 있다고 판단하여 전 세계의 문화유산 및 자연 유산을 지정하고 있어. 이를 '세계 유산'이라고 해.

옛 사람들이 살았던 흔적을 뭐라고 해?

12월 13일 — 대한민국

인천 상륙 작전

(仁 어질 **인** 川 내 **천** 上 위 **상** 陸 뭍 **륙** 作 지을 **작** 戰 싸울 **전**)

인천에서 유엔과 국군이 펼친 상륙 작전
(1950년)

1950년 9월 15일 미국 더글러스 맥아더 장군이 국제연합(UN)군과 국군을 배에 실어 인천으로 보낸 작전이 '인천 상륙 작전'이야. 이로 인해 수도인 서울을 다시 찾아 우리 군인과 유엔군은 크게 힘을 얻었어.

탐방 정보 — 인천광역시 연수구에는 인천 상륙 작전 기념관이 있어. 전쟁 시 썼던 무기, 관련 자료들이 전시되어 있지.

어제 퀴즈! 1950년 6월 25일에 일어난 남한과 북한의 전쟁을 뭐라고 해?

1월 16일

역사 기초 용어

국보
(國 나라 국 寶 보배 보)

나라의 보물

나라에서 법으로 정해서 보호하고 있는 문화재를 말해. 만들어진 지 오래되었거나 그 시대를 대표하는 것 등이 국보가 돼. 국보는 1호, 2호 등을 붙인 번호가 있었어. 귀중한 것부터가 아닌, 지정된 순서에 따라 붙여진 거야. 2022년부터 문화재 보호법 시행령을 새롭게 고치면서 번호가 사라지게 되었어.

2008년, 우리나라 국보 1호였던 숭례문이 불탄 사건이 있었어. 불이 난 지 몇 시간 만에 많은 부분이 불에 타 국민들이 충격을 받았어. 이후 숭례문을 다시 짓기 시작했고, 2013년에 작업이 끝났어.

 후손에게 남길 만한 조상들의 문화를 뭐라고 하지?

12월 12일

6·25 전쟁
(戰 싸울 전 爭 다툴 쟁)

대한민국

남한과 북한의 전쟁
(1950년~1953년)

남한과 북한에 각각 정부가 세워지고 나서 1950년 6월 25일 새벽에 북한이 남한을 쳐들어왔어. 힘으로 통일을 하려고 했던 거야. 처음에는 낙동강 근처까지 밀고 내려왔지만 유엔군의 인천 상륙 작전으로 38도선 위로 물러나게 됐어.

탐방 정보
서울 용산구에는 전쟁 기념 사업회 전쟁 기념관이 있어. 나라를 위해 싸우다 희생된 분들을 추모하는 공간부터 한국 전쟁에 대한 여러 자료들을 볼 수 있어.

어제 퀴즈!
일제 강점기에 항일 투쟁을 하다 소련의 지원을 받아 북한의 최고 권력자가 된 이 사람은?

1월 17일

역사 기초 용어

보물
(寶 보배 **보** 物 만물 물)

예부터 전해 오는 국보 다음으로 귀중한 문화재

예전부터 전해 오는 귀중한 문화재로, 국보 다음으로 중요하게 여겨져. 건축물이나 기록물, 미술 관련 물품, 과학 관련 물품 등이 있지. 흥인지문(동대문)은 우리나라 보물 1호였어.

한 걸음 더! 북한에도 문화재가 있어. 우리처럼 국보와 보물로 나누고 있어. 북한의 국보와 보물은 우리나라에 비해 적은 편이지. 현재 북한 국보 제1호는 평양성이야.

어제 퀴즈! 나라에서 법으로 지정해서 보호하는 문화재를 뭐라고 하지?

12월 11일   대한민국

김일성

북한의 첫 번째 최고 지도자이자 독재자
(1912년~1994년)

대한민국 정부가 만들어지자 북쪽에서도 김일성이 지도자가 되어 조선 민주주의 인민 공화국이 만들어졌어. 흔히 북한이라고 부르지. 김일성은 일제 강점기에 항일 투쟁을 하다 소련의 지원을 받고 북한의 최고 권력자가 되었어. 이후 6·25 전쟁을 일으켰지.

한 걸음 더! 북한은 대통령이라 하지 않고 국방 위원회 위원장이라고 해. 김일성 다음으로는 김정일, 김정은이 이 자리를 이어받았어.

어제 퀴즈! 남한의 단독 선거에 반대하는 제주도 사람들을 죽인 사건이 뭐지?

1월 18일

역사 기초 용어

발굴
(發 필 **발** 掘 팔 **굴**)

묻혀 있는 것을 찾아 파내는 것

땅속이나 돌 더미 등에 묻혀 있는 것을 파내는 것을 '발굴'이라고 해. 역사에서는 과거의 유물, 유적을 파내어 사람들에게 보이게 하는 것을 말하지. '유물이 발굴되었다.' '현재 발굴하고 있다.' 등으로 표현할 수 있어.

활용 문장
- 공사 현장에서 새로운 유물이 발견되어 **발굴** 작업을 진행 중이라고 한다.
- 유물을 **발굴**하면 어느 시대, 어떤 유물인지 연구를 해야 한다.

어제 퀴즈! 예부터 전해 오는 국보 다음으로 귀중한 문화재를 뭐라고 하지?

12월 10일 — 대한민국

제주 4·3 사건

남한의 단독 선거에 반대한 제주도 시민 학살 사건
(1948년~1954년)

남한의 단독 선거를 반대한 제주도 사람들을 경찰들이 죽인 사건이야. 정부는 이들을 공산당이라고 말하며 잡아가서는 고문하고 죽였어. 이로 인해 3만 명 정도의 제주도 사람들이 죽고 마을 대부분이 불태워졌다고 해.

한 걸음 더! 매년 4월 3일은 4·3 사건의 희생자를 기리는 날이야. 잊지 말고 희생된 그들을 기억해 보자.

어제 퀴즈! 5·10 총선거에서 뽑힌 국회 의원들로 구성된 최초의 국회를 뭐라고 해?

1월 19일

역사 기초 용어

한강
(漢 한나라 **한** 江 강 **강**)

우리나라 중간 부분에 흐르는 강

한강은 우리말 '한가람'에서 온 말이야. '한'은 '큰, 정확한', '가람'은 강의 옛말이야. '커다란 강'이라는 뜻이지. 땅이 넓고 농사가 잘 되고, 교통도 편리해. 그래서 삼국(고구려, 백제, 신라)은 한강을 차지하기 위해 자주 다투었어. 백제-고구려-신라 순으로 차지했는데, 한강을 차지했던 시기가 세 나라의 전성기였어.

한 걸음 더!

삼국은 물론 고려, 조선까지도 한강은 경제 중심부로 삼았던 곳이야. 우리나라가 발전하는 중심이 된 곳이기도 하지. 그래서 한국 전쟁 이후 대한민국이 크게 발전했던 것을 '한강의 기적'이라고 불러.

어제 퀴즈! 땅속이나 돌 더미 등에 묻혀 있고 역사적 의미가 있는 것을 파내는 것을 뭐라고 하지?

12월 9일

대한민국

제헌 국회
(制 억제할 제 憲 법 헌 國 나라 국 會 모일 회)

대한민국 최초의 국회

5·10 총선거에서 뽑힌 국회 의원들로 구성된 최초의 국회야. 이 국회에서 나라 이름을 대한민국으로 정하고 헌법을 만들어 1948년 7월 17일에 발표했어. 그렇게 1948년 8월 15일 대한민국 정부가 수립되었고 첫 번째 대통령으로 이승만이 뽑혔지.

한 걸음 더! 헌법을 만든 날인 7월 17일은 제헌절로 국경일이야. 나라를 운영하는 기본적인 원칙을 법으로 정해야 하거든. 헌법은 법 중에서도 가장 기본이야.

어제 퀴즈! 해방 이후 이루어진 제1대 국회 의원 총선거를 뭐라고 해?

1월 20일

역사 기초 용어

건국
(建 세울 건 國 나라 국)

나라를 세우는 일

하나의 나라를 세우는 일을 말해. 우리나라 최초로 건국된 나라는 고조선이지. 건국을 하기 위해서는 먼저 수도를 정하고 지도자를 정해. 그리고 백성을 잘 보살피며 나라를 꾸려 가지.

한 걸음 더! 10월 3일 개천절은 기원전 2333년 단군이 고조선을 건국한 것을 기억하고자 만든 우리나라 국경일이야. 국경일에는 태극기를 달아야 해. 여러분도 잊지 말고 달기로 하자.

어제 퀴즈! 우리나라 중간 부분에 흐르는 강으로, 삼국이 모두 여기를 차지하려고 애썼어. 무엇일까?

12월 8일

대한민국

5·10 총선거
(總 거느릴 **총** 選 가릴 **선** 擧 들 **거**)

제1대 국회 의원 총선거
(1948년 5월 10일)

해방 이후 이루어진 첫 선거야. 남한만의 선거였지. 이 선거로 이승만이 대통령으로 뽑혔어. 이후 북한도 1948년 9월 9일 '조선 민주주의 인민 공화국' 정부를 세웠어. 이후 한반도는 남한과 북한으로 완전히 갈라지게 되었어.

공정한 선거를 위한 선거의 4대 원칙이 있어. 보통 선거, 평등 선거, 직접 선거, 비밀 선거가 그 원칙이야.

대한민국 첫 번째 대통령은?

1월 **21**일

역사 기초 용어

멸망

(滅 멸망할 멸 亡 망할 망)

망해 없어짐

'멸망'은 사라져 없어지는 거야. 역사에서 국가가 멸망했다는 것은 나라가 망해 없어지는 거야. 주로 다른 나라의 침입으로 인해 사라지는 경우가 많았어. 그 과정에서 죽는 사람도 많았지.

활용 문장
- 고조선은 기원전 108년 한나라에 의해 **멸망**했다.
- 신라와 당나라는 고구려를 **멸망**시켰다.

어제 퀴즈! '나라를 세운다', 이를 두 글자로 뭐라고 하지?

12월 7일

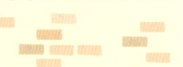

이승만

대한민국 제1대~3대 대통령
(1875년~1965년)

한반도 문제를 해결하기 위해 열린 미·소 공동 위원회에서 별다른 소득이 없자 국제 연합(UN)이 나섰어. 총선거를 해서 정부를 세우자는 것이었는데 북한이 이를 반대했지. 남한은 찬성하는 사람이 많아서 남한만 선거를 했는데, 첫 번째 대통령으로 이승만이 뽑혔어.

우리나라 역대 대통령은 이승만, 윤보선, 박정희, 최규하, 전두환, 노태우, 김영삼, 김대중, 노무현, 이명박, 박근혜, 문재인, 윤석열이야.

어제 퀴즈! 독립운동을 하고 통일하고자 애썼던 독립운동가야. 《백범 일지》를 썼지. 누굴까?

1월 22일

역사 기초 용어

유민
(遺 남길 유 民 백성 민)

나라를 잃은 백성

나라를 잃은 백성을 '유민'이라고 해. 나라가 망하여 없어지면 백성들은 그곳을 차지한 나라의 노예가 되어 힘겹게 살거나 갈 곳을 잃기도 했어. 그래서 다시 자기 나라를 일으키려 노력하기도 했지.

활용 문장
- 고구려 **유민**이었던 대조영은 698년 고구려 유민과 말갈족을 이끌고 고구려가 멸망한 지 30년 만에 동모산에 나라를 세웠다.

어제 퀴즈! 나라가 망하여 없어지는 것을 뭐라고 하지?

12월 6일

대한민국

김구

우리나라의 정치가이자 독립운동가
(1876년~1949년)

독립운동을 하고 통일을 하고자 애썼던 독립운동가야. 일제 강점기에 임시 정부에서 일했고, 광복 후 남한만의 정부를 세우려고 하자 김구는 이를 반대하며 남북 통일을 주장했어. 《백범 일지》라는 책을 남기고 1949년 군인이었던 안두희에 의해 죽임을 당했어.

탐방 정보

서울 용산구에는 백범 김구 기념관이 있어.
김구의 생애와 그의 생각을 엿볼 수 있는 전시가 많이 있어.

어제 퀴즈! 한국 정부 수립을 의논하기 위한 미국과 소련의 회의를 뭐라고 해?

1월 23일

역사 기초 용어

영토

(領 거느릴 **영** 土 흙 **토**)

가지고 있는 땅

국가가 가지고 있는 땅을 말해. 한 나라가 힘을 가지고 자유롭게 다스릴 수 있는 땅의 영역을 뜻하는데, '국토'라고 쓰이기도 하지. 예전에는 땅을 더 넓히기 위한 영토 싸움을 많이 했어.

한 걸음 더! 국가의 주권이 미치는 범위를 영역이라고 하는데, 이 영역에 영토(땅), 영해(바다), 영공(하늘)이 속해 있어.

어제 퀴즈! 나라를 잃은 백성을 뭐라고 하지?

12월 5일

대한민국

미·소 공동 위원회

(美 아름다울 미 蘇 차조기 소 共 함께 공 同 같을 동 委 맡길 위 員 관원 원 會 모일 회)

**한국 정부 수립을 의논하기 위한 미국과 소련의 회의
(1946년)**

미국과 소련이 우리나라의 새로운 정부를 세우는 일을 의논하기 위해 연 회의가 '미·소 공동 위원회'야. 서울 덕수궁에서 1차 회담이 열렸고 2차 위원회까지 했지만 서로 의견이 달라 얻는 것 없이 해체되었어.

활용 문장
- 한국 정부 수립을 위해 **미·소 공동 위원회**가 열렸다.
- **미·소 공동 위원회**는 큰 성과 없이 해체되었다.

어제 퀴즈! 국제 연합의 주도 아래 한 나라가 다른 나라를 대신 다스리는 것을 뭐라고 해?

1월
24일

역사 기초 용어

불교
(佛 부처 불 敎 가르칠 교)

인도의 석가모니가 창시한 종교

기원전 6세기 인도의 석가모니가 만든 종교야. 세상의 고통이나 어지러운 생각들에서 벗어나 마음의 평화를 추구하지. 차차 동양에 퍼졌는데 우리나라에는 4세기 고구려 소수림왕 때 처음 들어왔어.

한 걸음 더!

여러 나라 왕들이 백성들에게 불교를 믿게 했어. 백성들이 왕을 부처님처럼 믿게 해서 왕의 힘을 강하게 하기 위해서였지. 불교를 믿는 백성들은 나라와 왕에게 충성하는 마음을 갖게 되었어.

어제 퀴즈!

한 나라가 갖고 있는 땅을 뭐라고 하지?

12월 4일 / 대한민국

신탁 통치

(信 믿을 **신** 託 부탁할 **탁** 統 거느릴 **통** 治 다스릴 **치**)

국제 연합의 주도 아래 한 나라가 다른 나라를 대신 다스리는 것

해방 이후 1945년 12월 모스크바 3상 회의가 있었어. 제2차 세계 대전의 승리자인 미국, 영국, 소련, 중국 네 나라가 국제 연합(UN)의 감독 하에 우리나라를 대신 다스리기로 결정했지. 이것이 '신탁 통치'야. 우리나라 사람들은 이를 반대하는 운동을 했지.

활용 문장
- **신탁 통치**가 결정되자 우리 민족은 크게 반대했다.
- 다른 나라를 대신 다스리는 것을 **신탁 통치**라고 한다.

어제 퀴즈! 여운형을 중심으로 대한민국을 세우기 위해 만든 위원회를 뭐라고 하지?

1월 25일

역사 기초 용어

승려
(僧 중 **승** 侶 짝 **려**)

불교 종교인

불교에서 가르치는 것을 배우고 실천하면서 사람들에게 알리기도 하는 사람을 말해. 중 또는 스님이라고도 해. 고구려의 담징과 혜자, 신라의 원효와 의상, 고려의 의천 등이 유명한 승려야.

 나라에 큰일이 벌어지면 승려들도 전쟁에 참여하기도 했어. 승려들로 이루어진 군대는 '승병'이라고 해.

 인도의 석가모니가 창시한 종교를 뭐라고 하지?

12월 3일

대한민국

건국 준비 위원회

(建 세울 건 國 나라 국 準 법도 준 備 갖출 비 委 맡길 위 員 관원 원 會 모일 회)

건국을 위해 만든 단체
(1945년 8월 15일)

여운형을 중심으로 만든 건국 준비 단체야. 일본이 전쟁에서 진 것을 인정하고 떠날 것이기 때문에 다시 찾은 나라의 건국을 준비하기 위해 만든 거지. 서울을 비롯해 각각의 지방에도 만들어져서 나라 건국을 위해 애썼어. '완전한 독립 국가를 만든다'는 정확한 목표를 가지고 움직였어.

활용문장
- 광복 후 여운형을 중심으로 **건국 준비 위원회**를 열었다.
- **건국 준비 위원회**는 국가의 기초를 다져 나갔다.

어제 퀴즈! 우리나라는 1945년 8월 15일 일본의 지배로부터 벗어났어. 이를 뭐라고 해?

1월 26일

역사 기초 용어

절

불교의 가르침을 위해 있는 곳

승려가 불상을 모셔 놓고 불교의 가르침을 행하고 공부하는 곳이야. 불교를 믿었던 삼국 시대와 고려 시대에는 절이 많았어. 절 이름은 한자 절 사(寺)를 뒤에 넣어 불국사, 황룡사처럼 부르지.

활용 문장
- 고려는 불교를 믿었기에 **절**이 많았다.
- 스님이 계신 **절**에 가면 마음이 편안해진다.

어제 퀴즈! 불교 종교인으로, 불교의 가르침을 배우고 실천하며 알리는 신라의 원효 같은 사람을 뭐라고 하지?

12월 2일

대한민국

광복
(光 빛 광 復 돌아올 복)

일본의 지배로부터 벗어난 것
(1945년)

1945년 8월 15일 광복을 했어. 빛을 되찾았다는 뜻인 광복은 나라를 찾았다는 의미야. 사람들은 거리로 나와 만세를 불렀어. 그러나 광복은 우리 힘으로 한 게 아니야. 일본이 제2차 세계 대전에서 진 것을 인정하고 연합군에게 항복을 선언하면서 우리를 놓아준 거야.

한 걸음 더!

8월 15일은 국경일인 광복절이야. 태극기를 걸며 그날의 기쁨을 다시 누리는 날이지. 우리나라 국경일은 광복절을 포함해 3·1절, 개천절, 제헌절, 한글날이 있어.

어제 퀴즈!

아시아 대륙 동쪽에 있는 한반도 국가, 우리나라를 뭐라고 불러?

1월 27일

역사 기초 용어

탑
(塔 탑 **탑**)

높이 올린 건축물

층을 여러 개로 높이 쌓아 올린 것을 모두 '탑'이라고 불러. 위로 갈수록 뾰족해지지. 3층 이상 홀수로 짓고, 만든 재료에 따라 크게 목탑과 석탑, 전탑(우리나라에는 거의 없는 벽돌로 쌓은 탑)으로 나누지. 탑은 석가모니가 열반에 든 뒤 그 사리를 담은 기념물에서 출발했어.

활용 문장
- 고려는 불교를 믿는 국가라 **탑**이 많았다.
- 전쟁이나 다른 이유로 무너진 **탑**은 다시 세워야 할까?

어제 퀴즈! 승려가 불상을 모셔 놓고 불교의 가르침을 행하고 공부하는 곳을 뭐라고 하지?

12월 1일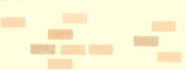

대한민국
(大 큰 대 韓 나라 한 民 백성 민 國 나라 국)

아시아 대륙 동쪽에 있는 한반도 국가, 우리나라

대한민국은 1948년 8월 15일 정부가 생기고 처음 대통령을 뽑으면서 시작되었어. 일반적으로는 기원전 2333년 단군이 세운 고조선부터 지금까지 이어지는 우리나라를 뜻하는 말로 사용해.

 왕이 다스리는 나라는 왕국, 황제가 다스리는 나라는 제국이야. 우리나라처럼 국민이 주인인 나라는 민국이라고 해.

 조선인 이름을 일본식으로 바꾸게 한 것을 뭐라고 하지?

1월 28일

역사 기초 용어

석탑
(石 돌 **석** 塔 탑 **탑**)

돌로 지은 탑

돌로 쌓아 올린 탑을 말해. 우리나라 석탑 중 가장 크고 오래된 것은 백제의 익산 미륵사지 석탑이야. 지금 남아 있는 석탑은 주로 백제나 신라, 고려 시대 석탑이지. 고구려는 주로 목탑을 만들었는데 전쟁 중 거의 불타서 사라졌어. 대부분 문화재로 지정되어 있어.

탐방 정보: 국립 중앙 박물관에 가면 경천사지 10층 석탑을 볼 수 있어. 원나라의 영향을 받아 만든 고려 시대 석탑이야.

어제 퀴즈! 높이 쌓아 올린 건축물로 목탑, 석탑, 전탑 등을 통틀어 한 글자로 뭐라고 하지?

12월

대한민국

드디어 12월 마지막 대한민국까지 왔군요!
대한민국 정부가 세워지고 2002년 한일 월드컵까지,
정말 많은 일들이 있었어요.

가장 중요한 것은 국민이 주인이 되는 민주화를 위해
많은 이들이 노력했다는 거예요.

용어를 익히다 보면 그 마음이 전해져
지금 우리나라를 더 자랑스럽게 여기는 마음이 생길 거예요.
여러분도 모두 훌륭한 대한민국 어린이라는 것을
잊지 말기로 해요!

1월 29일

역사 기초 용어

목탑
(木 나무 **목** 塔 탑 **탑**)

나무로 지은 탑

나무로 쌓아 올린 탑을 '목탑'이라고 해. 우리나라 대표 목탑은 신라 선덕 여왕 시대에 만든 경주 황룡사 9층 목탑이라고 할 수 있어. 안타깝게도 몽골이 쳐들어왔을 때 불타 버리고 말았어.

한 걸음 더! 목탑은 나무로 만든 거라 불에 타기 쉬워 남아 있는 것이 별로 없어. 현재 남아 있는 유일한 목탑은 충청북도 보은군 법주사의 '팔상전'이라는 탑이야.

어제 퀴즈! 탑 중 돌로 지은 탑을 뭐라고 하지?

11월 30일

일제 강점기

창씨개명
(創 비롯할 창 氏 성 씨 改 고칠 개 名 이름 명)

조선인 이름을 일본식으로 바꾸게 한 것

일제 강점기에 조선 총독부는 조선인들의 성과 이름을 일본식으로 바꾸게 했어. 창씨개명을 하지 않으면 직장이나 학교를 못 다니게 하거나 총독부에서 나누어 주는 물자를 주지 않는 등 불이익이 많았어.

창씨개명을 거부하면 불령선인이라 불렀다고 해. 불온하고 불량한 조선 사람이라는 뜻이야. 일제의 뜻에 따르지 않는 조선인을 비하하는 말이지.

일본 천황 폐하에게 충성한다는 황국 신민 서사를 외우게 하는 등 우리 민족 정신을 없애려고 했던 정책은?

1월 30일

역사 기초 용어

불상
(佛 부처 불 像 모양 상)

부처의 모습을 한 조각

부처의 모습을 하고 있는 조각으로 주로 나무나 돌, 쇠, 흙 등으로 만들어져. 불상의 이름은 대체로 지역 이름＋불상이 있는 절 이름＋불상을 만든 재료＋부처의 이름＋불상의 자세＋상(像), 이 순서로 지어져.

한 걸음 더! '서산 마애 삼존 불상'의 이름은 어떻게 지어진 걸까?
서산(지역)＋마애(바위에 조각해서 만든)＋삼존(세 명의 부처)＋불상이라는 뜻이야.

어제 퀴즈! 탑 중 나무로 지은 탑을 뭐라고 하지?

11월 29일 — 일제 강점기

민족 말살 정책
(民 백성 **민** 族 겨레 **족** 抹 바를 **말** 殺 죽일 **살** 政 정사 **정** 策 꾀 **책**)

우리 민족의 정신을 없애기 위한 일본의 정책

우리 민족의 정신을 일본식으로 바꾸기 위해 펼친 정책이야. 일본 천황 폐하에게 충성한다는 황국 신민 서사를 외우게 했고, 학교에서 조선어를 쓰지 못하게 했으며 이름을 일본식으로 바꾸는 창씨개명을 강요하기도 했어.

활용 문장
- **민족 말살 정책**에 맞서 우리는 조선어 학회를 만들어 우리말과 글을 지키려고 노력했다.
- 민족 정신을 없애기 위한 정책을 **민족 말살 정책**이라고 한다.

어제 퀴즈! 강제로 끌고 가 일을 시키는 것, 강제로 군인으로 끌고 가는 것을 각각 뭐라고 하지?

1월 31일

역사 기초 용어

벽화
(壁 벽 畫 그림 화)

벽에 그린 그림

건물, 동굴, 무덤 등의 벽에 그린 그림이야. 인류는 구석기 시대부터 벽에 그림을 그렸어. 벽화를 보면 당시 사람들이 살던 모습이나 중요하게 여기던 것 등을 알 수 있기 때문에 역사 자료로 큰 의미가 있지.

한 걸음 더! 암벽이나 바위 등에 그림을 그리기도 했는데, '암각화'라고 해. 대표적으로 울산의 울주 대곡리 반구대 암각화가 있어.

어제 퀴즈! 부처 모습의 조각을 뭐라고 하지?

11월 28일 — 일제 강점기

징용, 징병
(徵 부를 징 用 쓸 용), (徵 부를 징 兵 군사 병)

강제로 끌고 가 일을 시키는 것, 강제로 군인으로 끌고 가는 것

일본은 조선인들에게 강제로 전쟁 물자 등을 만드는 노동을 시켰어. 이렇게 강제로 끌고 가 일을 시키는 것을 '징용'이라고 해. 그리고 강제로 군인으로 끌고 가 자신들의 전쟁에 이용하는 '징병' 제도도 만들었어.

활용 문장
- 일제 시대 우리나라 사람을 강제로 끌고 가 일을 시킨 것이 **징용**이다.
- 강제로 끌고 가 전쟁에 이용하는 것은 **징병**이다.

어제 퀴즈! 중국 상하이 홍커우 공원에서 열린 일본 왕의 생일 축하 행사장에서 폭탄을 던진 독립운동가는?

2월

선사 시대

선사 시대는 글로 기록되기 이전,
즉 역사 이전의 시대를 말한다는 것,
1월 역사 기초 용어에서 배웠죠?

그 선사 시대 관련 용어를 알아보아요.
선사는 기록이 없어 유물과 유적으로
그 시대 모습을 파악하곤 하는데요,

그래서 유물, 유적과 관련된 용어가 많아요.
하나 하나 잘 익히다 보면
선사 시대 사람들의 생활 모습이 그려질 거예요.

11월 27일 | 일제 강점기

윤봉길

일본 왕의 축하 행사장에서 폭탄을 던진 독립운동가
(1908년~1932년)

1932년 4월 29일 중국 상하이 훙커우 공원에서 일본 왕의 생일 축하 행사장이 열렸어. 윤봉길은 행사장을 향해 폭탄을 던진 독립운동가야. 일본 정치인 7명을 다치게 했어. 현장에서 바로 붙잡혀 사형 선고를 받고 25세의 젊은 나이에 오사카에서 사형당했어.

탐방 정보: 서울 서초구에는 매헌 윤봉길 의사 기념관이 있고, 윤봉길 의사의 생가인 충청남도 예산에도 있어. 그의 삶과 업적을 더 생생히 느끼기 위해 가까운 곳으로 떠나 볼까?

어제 퀴즈! 한인 애국단의 단원으로 일본 왕에게 수류탄을 던진 독립운동가는 누구지?

2월 1일   선사시대

구석기 시대
(舊 옛 구 石 돌 석 器 그릇 기 時 때 시 代 대신할 대)

돌을 깨뜨려 도구로 사용하던 시기

'석기'는 돌로 만든 도구라는 뜻이야. 구석기와 신석기로 나뉘는데, 구석기 시대 사람들은 동굴에서 살았고, 열매를 따 먹거나 짐승을 잡아먹으며 살았어. 돌을 깨뜨리거나 떼어 내서 도구로 사용했는데 그걸 '뗀석기'라고 불러.

한 걸음 더! 구석기 시대 사람들이 남긴 라스코 동굴 벽화(프랑스)라는 것이 있어. 사냥의 성공을 빌며 그린 것으로 짐작하는 그림이야.

 어제 퀴즈! 벽에 그린 그림을 뭐라고 하지?

11월 26일

일제강점기

이봉창

일본 왕에게 수류탄을 던진 독립운동가
(1901년~1932년)

이봉창은 한인 애국단(1931년 중국 상하이에서 만들어진 항일 운동을 하기 위한 단체)의 단원이었어. 1932년 1월 8일 일본 왕이 타고 가는 마차에 수류탄을 던지고 태극기를 흔들며 '조선 독립 만세'를 외쳤지. 이후 체포되어 사형을 당했어.

탐방 정보

서울 용산구 효창동에는 이봉창 역사 울림관이 있어. 그의 활동과 당시 상황을 느낄 수 있는 VR 체험도 있으니 한번 방문해 보면 어떨까?

어제 퀴즈! 우리나라를 빼앗은 일본에게 저항하는 운동을 통틀어 뭐라고 부를까?

2월 2일 | 선사 시대

뗀석기
(石 돌 **석** 器 그릇 **기**)

돌을 떼어서 만든 도구

구석기 시대 사람들이 썼던 돌로 만든 도구야. 돌을 떼어서 만들었기 때문에 '뗀석기'라고 부르지. 뗀석기로 짐승을 잡고, 조개나 물고기도 잡았어. 열매도 따 먹었지.

활용 문장
- 구석기 시대 사람들은 **뗀석기**로 나무도 자르고 사냥도 했다.
- **뗀석기**는 쓰임에 따라 여러 가지로 나눌 수 있다.

어제 퀴즈! 돌을 깨뜨려 도구로 사용하던 시기를 뭐라고 하지?

11월 25일

일제 강점기

항일 운동

(抗 막을 항 日 날 일 運 옮길 운 動 움직일 동)

일본에 저항하는 운동

우리나라를 빼앗아 지배하는 일본에 맞서고 그들로부터 벗어나기 위해 시위를 하는 일 등을 '항일 운동'이라고 해. 3·1 운동, 6·10 만세 운동, 광주 학생 항일 운동 등 다양한 항일 운동이 있었어.

탐방 정보
충청남도 천안시 동남구에는 독립 기념관이 있어. 독립 운동에 관한 자료들을 전시하고 있으니 한번 가서 항일 운동을 했던 우리 민족의 간절한 마음을 느껴 보면 어떨까?

어제 퀴즈! 대한 제국의 마지막 황제였던 순종의 장례식인 1926년 6월 10일에 일어난 만세 운동 이름은?

2월 3일 | 선사 시대

주먹 도끼

주먹에 쥐고 사용하는 돌도끼

구석기 시대 전기에 주로 사용한 뗀석기 중 하나야. 한 손으로 잡을 만한 크기지. 주로 짐승을 사냥하거나 가죽을 벗기는 데 사용했어. 시간이 지나면서 용도에 따라 다양하게 만들어졌어. 연천군 전곡읍 전곡리의 선사 유적지에서 많이 발견되었지.

탐방 정보

주먹 도끼는 경기도 연천군 전곡리에서 발견되었는데, 현재는 국립 중앙 박물관에 있어. 실제 모습이 궁금하다면 한번 보러 가면 어떨까?

어제 퀴즈! 돌을 떼어 만든 도구를 뭐라고 하지?

11월 24일

일제 강점기

6·10 만세 운동
(萬 일만 만 歲 해 세 運 옮길 운 動 움직일 동)

순종의 장례일인 6월 10일에 일어난 대규모 만세 운동
(1926년 6월 10일)

대한 제국의 마지막 황제였던 순종의 장례식 때 일어난 만세 운동이야. 전국으로 뻗어 나갔지. 눈치 챈 일본 때문에 3·1 운동만큼 크게 일어나지는 못했지만 이로 인해 1929년 광주 학생 항일 운동이 일어날 수 있었어.

광주 학생 항일 운동은 1929년 광주에서 일어났어. 일본인 학생과 우리나라 학생 간의 싸움을 계기로 한국 학생들이 힘을 모아 항일 운동을 벌인 거야. 나라의 독립을 위해 앞장선 학생들, 대단하지?

어제 퀴즈! 관동 대지진을 이용해 조선인을 학살한 사건을 뭐라고 하지?

2월 4일 | 선사 시대

신석기 시대
(新 새로울 **신** 石 돌 **석** 器 그릇 **기** 時 때 **시** 代 대신할 **대**)

새로운 석기를 사용하던 시기

'간석기'라는 새로운 석기를 사용하던 시대를 말해. 신석기 사람들은 모여 살며 농사를 짓고, 가축을 기르는 목축도 시작했지. 그릇도 만들고, 돌을 갈아 만든 간석기를 사용했어. 농업과 목축의 시작은 사람들 생활에 큰 변화를 주었어. 그래서 '농업 혁명' 혹은 '신석기 혁명'이라고도 해.

탐방 정보

서울 강동구에 가면 암사동 선사 유적지가 있어. 신석기 시대 집터의 흔적이 남아 있고 사용했던 물건이 많이 나왔던 곳이지. 지금 누구나 가 볼 수 있는 곳이니 나들이 한번 가 볼까?

어제 퀴즈! 주먹에 쥐고 사용하는 돌도끼를 뭐라고 하지?

11월 23일

일제 강점기

관동 대학살
(關 중요할 관 東 동녘 동 大 큰 대 虐 모질 학 殺 죽일 살)

관동 대지진을 이용한 조선인 학살 사건
(1923년)

1923년 일본 간토 지방에서 대지진이 일어났어. 이 지진을 이용해서 일본 군대와 경찰은 조선인이 우물에 독약을 풀었다거나 폭탄을 가지고 다닌다는 거짓말을 퍼뜨렸어. 일본 군대, 경찰, 민간인들이 조선인을 마구 죽이는 일이 일어났지. 지진으로 불안한 일본인들을 안정시키기 위한 일본의 나쁜 짓이었어.

관동 대학살이 일본의 잘못임을 인정하는 일부 일본인들은 관동 대학살 추모비를 세웠어. 이를 인정하지 않는 이가 훼손할까 봐 모금을 통해 마련된 땅에 세웠다고 해.

일제 시대 청산리에서 일본을 무찌른 전투 이름은?

2월 5일

선사 시대

간석기

(石 돌 **석** 器 그릇 **기**)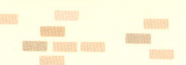

돌을 갈아 만든 도구

돌을 갈아 만들어 '간석기'라고 해. 신석기 시대부터 청동기 시대까지 사용했어. 신석기 시대 때 농사를 짓기 시작하면서 필요에 따라 만들어 사용하기 시작했어. 돌칼, 돌낫, 돌보습, 돌괭이 등 다양한 간석기가 만들어졌는데 끝을 갈았기 때문에 날카로웠다고 해.

 **활용 문장**
• 돌을 갈아 만든 **간석기**를 보면 인류가 도구를 점점 잘 다루었다는 것을 알 수 있다.

 어제 퀴즈! 새로운 석기를 사용한 시기를 뭐라고 하지?

11월 22일 — 일제강점기

청산리 전투
(靑 푸를 청 山 메 산 里 마을 리 戰 싸울 전 鬪 싸움 투)

청산리에서 일본 군을 무찌른 전투
(1920년)

봉오동 전투에서 이기고 크게 힘을 얻은 독립군은 청산리 전투에서도 이겼어. 약 일주일 간 청산리에서 10여 차례 싸움이 일어났는데 그걸 모두 합쳐 '청산리 전투'라고 해. 김좌진, 홍범도 장군이 앞장서 많은 일본 군을 물리치고 큰 승리를 거두었지.

탐방 정보: 충청남도 홍성군에는 김좌진 장군이 태어나 살았던 생가와 기념관이 있어. 기념관에는 청산리 전투 과정 등이 잘 전시되어 있어 당시 상황을 느껴 볼 수 있어.

어제 퀴즈! 일제 시대 봉오동에서 일본 군을 무찌른 전투 이름은?

2월 6일  선사 시대

빗살무늬 토기
(土 흙 토 器 그릇 기)

빗살무늬가 그려진 신석기 토기

신석기 시대 사람들은 강이나 바닷가에서 살았어. 농사도 짓기 시작했지. 농사를 지어 얻은 곡식을 넣어 두거나 음식을 만들 때 필요해서 만든 것이 바로 '빗살무늬 토기'야. 아래가 뾰족한 것은 강가나 바닷가에 꽂아 두기 위해서였어.

 빗살무늬 토기는 신석기 시대 대표 토기로 알려져 있어. 하지만 그보다 먼저 만들어진 무늬가 없는 '고산리식 토기'가 제주 고산리에서 발견되었지.

 돌을 갈아 만든 석기를 뭐라고 하지?

11월 21일 — 일제강점기

봉오동 전투

(鳳 봉새 봉 梧 벽오동나무 오 洞 고을 동 戰 싸울 전 鬪 싸움 투)

봉오동에서 일본 군을 무찌른 전투
(1920)

중국 지린성의 봉오동 계곡에서 홍범도 장군이 앞장 선 대한 독립군과 연합 부대가 일본 군에 맞서 싸워 이긴 전투야. 봉오동 전투는 독립군과 일본 군 사이에 벌어진 최초의 대규모 전투였고, 첫 번째로 승리한 전투였지. 이로 인해 독립군은 용기를 얻었어.

탐방 정보 — 중국 지린성에는 봉오동 전투 기념비가 있어.

어제 퀴즈! 3·1 운동 후 중국 상하이에 임시로 세운 정부를 뭐라고 하지?

2월 7일

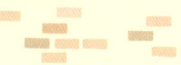 선사 시대

갈돌과 갈판

곡식의 껍질을 벗기거나 갈 때 사용하는 도구

갈돌과 갈판은 짝꿍이야. 넓고 납작한 갈판 위에 곡식 등을 올려놓고 갈돌로 살살 밀어 곡식의 껍질을 벗기거나 갈았어. 이를 통해 신석기 시대에 농사가 시작되었다는 것을 짐작할 수 있지.

 갈돌과 갈판은 이후 곡식을 넣고 찧는 절구나 손잡이를 잡고 돌려 가는 맷돌 등으로 발전했어. 그럼 오늘날 갈돌과 갈판의 역할을 하는 도구는 무엇일까?

 빗살무늬가 그려진 신석기 시대 토기 이름은?

11월 20일

일제 강점기

대한민국 임시 정부

(大 큰 **대** 韓 나라 **한** 民 백성 **민** 國 나라 **국** 臨 임할 **임** 時 때 **시** 政 정사 **정** 府 마을 **부**)

3·1 운동 후 중국 상하이에서 임시로 세운 정부
(1919년)

3·1 운동 이후 좀 더 조직적이고 체계적인 독립 운동을 이끌어 갈 주체가 필요해 중국 상하이에서 세운 임시 정부를 말해. 독립을 위해 일했고 1940년에 김구가 중심이 되어서 광복이 될 때까지 임시 정부를 이어갔어.

한 걸음 더! 4월 11일은 대한민국 임시 정부 수립 기념일이야. 중국 상하이에 남아 있는 대한민국 임시 정부 청사는 많은 한국인이 찾아가는 곳이기도 해.

어제 퀴즈! 대한 제국 때 일제가 만든 형무소로 유관순 열사 등이 갇혔던 곳이야. 어디일까?

2월 8일 | 선사 시대

움집

신석기 시대와 청동기 시대 사람들이 살았던 집

신석기 시대부터 사람들이 4~5명 가족 단위로 작은 집을 만들어 살았는데 그게 '움집'이야. '움'은 '움푹 파인 구덩이'라는 뜻이야. 시기마다 모양은 조금씩 다르지만, 땅을 파내고 가운데에 화덕을 설치한 다음 기둥을 세워 풀을 덮어서 만들었어.

한 걸음 더!

화덕은 자갈이나 흙 등으로 아궁이처럼 만들어 불을 피우던 자리야. 그렇다면 불을 피워 무엇을 했을까? 요리를 하거나 집을 따뜻하게 하거나 무서운 동물이 오지 못하도록 막는 역할을 했을 거야.

어제 퀴즈! 곡식의 껍질을 벗기거나 갈 때 사용하는 도구는?

11월 19일 — 일제 강점기

서대문 형무소
(西 서녘 서 大 클 대 門 문 문 刑 형벌 형 務 힘쓸 무 所 바 소)

대한 제국 때 일제가 만든 형무소

서대문 형무소는 독립운동가들을 가두기 위해 만든 곳이야. 유관순 열사 등이 갇혀 심한 고문을 받다가 세상을 떠나기도 했지. 광복 후에는 서울 구치소로 이름을 바꾸었어.

탐방 정보

서대문 형무소 역사관은 서울 서대문구에 있어. 유관순 열사가 갇혀 숨을 거둔 방, 고문실 등이 재현되어 있어 당시 독립운동가들이 겪은 고통을 알 수 있어.

어제 퀴즈! 일제 강점기 때, 아우내 장터에서 3·1 운동을 이끈 독립운동가는 누구야?

2월 9일

선사 시대

청동기 시대
(靑 푸를 청 銅 구리 동 器 그릇 기 時 때 시 代 대신할 대)

무기, 생산 도구 등을 청동으로 만들어 살던 시대

청동기는 구리와 주석을 섞어 만든 도구인데, 이것을 처음 쓴 시기부터 철기를 사용하기 전까지를 '청동기 시대'라고 해. 이 시대에는 신석기 시대보다 농사가 발전해서 먹을 것이 남았고, 그것을 더 차지하고자 전쟁이 일어나기 시작했어.

탐방 정보

우리나라 최대 청동기 유적지는 '창원 진동리 유적지'야. 2004년 고인돌이 발견되면서 만들어진 이곳에는 남방식 고인돌, 석관묘(돌널무덤) 등을 볼 수 있어.

어제 퀴즈! 신석기 시대와 청동기 시대 사람들이 살았던 집은?

11월 18일

일제 강점기

유관순

아우내 장터에서 싸웠던 독립운동가
(1902년~1920년)

유관순은 일제 강점기 때, 아우내 장터에서 3·1 운동에 참여한 독립운동가야. 독립 운동으로 인해 부모도 모두 잃었고 서대문 형무소에 갇혀 고문 끝에 19살의 나이에 세상을 떠나고 말았어.

탐방 정보

충청남도 천안에는 아우내 독립 만세 기념 공원이 있어. 아우내 독립 만세 운동 기념 공원비, 독립 만세 운동 조형물 등이 있지.

어제 퀴즈! 3·1 운동 때 민족 대표 33인이 한국의 독립을 선언한 글을 뭐라고 해?

2월 10일 | 선사 시대

돌괭이

돌로 만든 괭이

땅을 파거나 골을 만들 때, 흙을 잘게 부수어 고르는 데 썼던 농기구(농사를 지을 때 쓰는 도구)야. 긴 자루를 끼워 'ㄱ'자형으로 쓰곤 했어. 지금의 호미와 비슷한 용도로 사용했지.

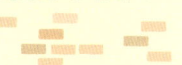

활용 문장
- 신석기에는 구석기 때 없던 갈돌, **돌괭이**, 돌보습, 돌낫 등을 사용했다.
- **돌괭이**로 흙덩어리를 부수었다고 하는데 나도 해 보고 싶다.

어제 퀴즈! 무기, 생산 도구 등을 청동으로 만들어 살던 시대는?

11월	순국선열의 날	일제 강점기
17일		

3·1 독립 선언서
(獨 홀로 독 立 설 립 宣 베풀 선 言 말씀 언 書 글 서)

3·1 운동 때 민족 대표 33인이 한국의 독립을 선언한 글

'기미 독립 선언서'라고도 하는 이 선언서는 민족 대표 33인이 독립을 선언한 글이야. 3월 1일 서울 종로 태화관에서 민족 대표 33인에 의해 발표되었어. '우리는 오늘 조선이 독립한 나라이며, 조선인이 이 나라의 주인임을 선언한다.'로 시작해.

활용 문장
- 3월 1일에 민족 대표 33인이 **3·1 독립 선언서**를 발표했다.
- **3·1 독립 선언서**에는 조선인이 조선의 주인임을 알리는 내용이 있다.

어제 퀴즈! 3·1 운동 때 독립 선언서에 서명한 33명의 인물을 뭐라고 해?

2월 11일 — 선사 시대

민무늬 토기
(土 흙 토 器 그릇 기)

청동기 시대에 사용한 무늬가 없는 토기

청동기 시대 사람들은 강가에 살았던 신석기 시대 사람들과는 달리 나지막한 산이나 언덕 주변에 살았어. 그래서 바닥이 평평한 민무늬 토기를 만들어 사용했지. '민무늬'는 무늬가 없다는 뜻이야.

 **한 걸음 더!** 신석기 시대에 빗살무늬 토기와 달리 민무늬 토기에 무늬가 없는 까닭은 무엇일까? 신석기 시대에는 토기를 구우며 갈라지는 것을 막기 위해 빗살을 넣기도 했는데, 청동기 시대에는 토기 굽는 기술이 발전하여 무늬를 새겨 넣지 않아도 되었다고 해.

어제 퀴즈! 돌로 만든 괭이는?

11월 16일

일제 강점기

민족 대표 33인
(民 백성 민 族 겨레 족 代 대신할 대 表 겉 표)

3·1 운동 때 독립 선언서에 서명한 33명의 인물

3·1 운동 때 종로 음식점 태화관에서 낮 12시에 모여 독립 선언서를 읽은 뒤 독립 만세를 부르며 독립 선언식을 가진 33인이야. 대표적인 인물로는 손병희, 이승훈, 한용운 등이 있어. 이들은 선언식을 시작하기 전 미리 일본 경찰들에게 알렸고 선언식이 끝난 뒤 체포되었어.

활용 문장
- **민족 대표 33인**은 3·1 운동 때 독립 선언서에 서명한 이들이다.
- **민족 대표 33인**은 종로 음식점에 모여 선언서를 읽었다.

어제 퀴즈! 일본으로부터 벗어나기 위해 1919년 3월 1일에 시작된 독립 만세 운동을 뭐라고 해?

2월 12일

선사 시대

반달 돌칼

곡식 이삭을 거둘 때 쓴 돌칼

돌칼은 돌로 만든 칼이야. 곡식 이삭을 거둘 때 사용했지. 청동기 시대에 쓰던 반달 돌칼은 모양이 반달이라 그렇게 이름이 붙여졌어. 구멍 2개에 끈을 끼워 넣고 손으로 잡아 곡식 이삭을 잘라 냈지. 그 당시 대표적인 농사 도구야.

한 걸음 더! 반달 돌칼은 전체 모양이 반달처럼 생겨서 일반적으로 '반달 돌칼'이라고 불러. 그런데 시기나 지역에 따라서 물고기 모양, 세모 모양, 빗 모양 등 다양한 모습으로 발견되기도 해.

어제 퀴즈! 청동기 시대에 사용한 무늬가 없는 토기는?

11월 15일

일제 강점기

3·1 운동

일본으로부터 나라를 되찾기 위해 벌인 운동
(1919년)

일본으로부터 벗어나기 위해 1919년 3월 1일에 시작된 독립 만세 운동이야. 기미년(1919년)에 일어나서 기미 독립 운동이라고도 해. 고종 황제의 죽음이 일본의 독살 때문이라는 이야기에 분노한 백성들이 일으킨 전국적 독립 운동이야.

탐방 정보

서울 용산구에는 식민지 역사 박물관이 있어. 일제에 대항한 우리 민족의 역사가 기록된 최초의 일제 강점기 전문 역사 박물관이야.

어제 퀴즈! 일본 도쿄에서 열린 유학생들의 독립 선언을 뭐라고 해?

2월 13일

선사 시대

청동 검
(靑 푸를 청 銅 구리 동 劍 칼 검)

청동으로 만든 청동기 시대 칼

청동기는 구리에 주석 또는 아연을 넣고 불에 녹여 만든 도구인데, '청동 검'은 청동기로 만든 칼을 말해. 거푸집에 쇳물을 부어서 원하는 모양대로 만드는 거야. 족장(혹은 군장)이 주로 사용했고, 비파형 동검과 세형 동검이 대표적이야.

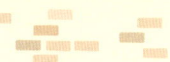

한 걸음 더!

청동기는 돌로 만든 것보다 단단하고 날카로워. 하지만 재료를 구하기 어렵고 만들기도 쉽지 않았어. 그렇다면 청동 검은 누가 사용했을까? 위에 그 답이 나오는데, 왜 그런지 짐작할 수 있겠지?

어제 퀴즈! 청동기 시대 곡식 이삭을 자른 반달 모양 돌칼은?

11월 14일

일제 강점기

2·8 독립 선언

(獨 홀로 독 立 설 립 宣 베풀 선 言 말씀 언)

일본 도쿄에서 열린 유학생들의 독립 선언
(1919년 2월 8일)

3·1 운동이 열리기 전 일본 도쿄에서 한국 유학생들이 독립 선언을 했어. 이 선언으로 일본 경찰은 우리나라 유학생 60여 명을 체포했지. 이 독립 선언은 독립운동가들에게 큰 영향을 주었고 3·1 운동이 일어나는 바탕이 되었어.

일본 도쿄에 있는 '재일본 한국 YMCA 회관' 10층에는 2·8 독립 선언 기념 자료실이 있어. 독립 선언 기념비와 관련 자료 등이 있지. 한편 도쿄도 치요다구 히비야 공원은 2·8 독립 만세 운동지이기도 해.

어제 퀴즈! 자기 민족 일은 스스로 결정해야 한다는 생각을 뭐라고 해?

2월 14일 — 선사시대

비파형 동검
(琵 비파 **비** 琶 비파 **파** 形 형상 **형** 銅 구리 **동** 劍 칼 **검**)

비파 모양 동검

중국 악기인 비파를 닮아 '비파형 동검'이라 불러. 만주의 요령 지방에서 주로 나와 '요령식 동검'이라고도 해. 비파형 동검보다 작고 가는 세형 동검도 고조선의 동검이야. 그건 비파형 동검보다 나중에 만들어졌어. 발전된 형태로 주로 한반도 남쪽에서 많이 발견 돼.

활용문장
- **비파형 동검**과 세형 동검은 모두 조립해서 쓰던 칼이었다.
- **비파형 동검**은 청동기 시대 대표적인 유물이다.

어제 퀴즈! 청동으로 만든 청동기 시대 칼은?

11월 13일 — 일제 강점기

민족 자결주의

(民 백성 민 族 겨레 족 自 스스로 자 決 결정할 결 主 주인 주 義 옳을 의)

자기 민족 일은 스스로 결정해야 한다는 생각

제1차 세계 대전이 끝난 후, 미국 대통령 윌슨이 '자기 민족의 일은 스스로 결정하고 다른 나라의 간섭을 받으면 안 된다.'는 뜻의 '민족 자결주의'를 발표했어. 당시 일본에서 공부하던 우리나라 학생들이 이에 영향을 받아 독립 선언서를 만들어 발표했지. 이것을 2·8 독립 선언이라고 해. 뒤에 일어날 3·1운동에 영향을 주었지.

민족 자결주의를 주장한 사람은 1913년부터 1921년까지 미국의 대통령이었던 윌슨이야.

일본이 우리나라 땅을 빼앗을 목적으로 벌인 사업을 뭐라고 해?

2월 15일 — 선사 시대

청동 거울
(靑 푸를 청 銅 구리 동)

청동기 시대에 제사에 쓰던 거울

거울 앞면을 잘 비추어 보면 얼굴이 보이기도 해. 하지만 실제로는 얼굴을 보기 위한 목적이 아니라 한 집단에서 가장 높은 족장 같은 사람들이 제사를 지내기 위해 사용했어.

청동 거울을 족장 목에 걸면 태양 빛이 반사되어 번쩍였어. 이를 바라보는 사람들은 눈부심에 바로 보기가 어려웠겠지? 결국 청동 거울을 목에 걸고 제사를 지낸다는 것은 족장의 힘을 보여 주는 것이기도 해.

 어제 퀴즈! 청동기 시대에 쓴 비파 모양 동검은?

11월 12일 — 일제 강점기

토지 조사 사업
(土 흙 토 地 땅 지 調 고를 조 査 조사할 사 事 일 사 業 업 업)

일본이 우리나라 땅을 빼앗을 목적으로 벌인 사업
(1910년~1918년)

우리 땅을 일본 땅으로 바꾸려는 목적으로 일본은 토지 조사 사업을 했어. 정해진 시간 내에 토지를 신고하도록 했는데 신고가 되지 않거나 주인이 누구인지 모르는 토지 등을 조선 총독부의 땅으로 만들었지. 이로 인해 많은 농민이 땅을 잃거나 중국의 만주나 연해주로 떠나게 되었어.

 **한 걸음 더!** 땅을 잃은 농민들은 어떻게 되었을까? 남의 땅을 빌려서 농사를 지을 수밖에 없었어. 이를 소작농이라고 해.

 **어제 퀴즈!** 을사조약을 찬성한 다섯 명의 신하를 뭐라고 불러?

2월 16일

선사 시대

청동 방울
(靑 푸를 청 銅 구리 동)

청동기 시대에 쓴 제사 도구

고조선의 청동 검, 청동 거울과 같이 사용된 '청동 방울'은 흔들면 소리가 나. 하늘에 제사를 지낼 때도 사용했어. 청동 검, 청동 거울, 청동 방울 모두 지배층만 사용할 수 있었어. 지배층의 힘을 보여주는 물건이기도 했지.

활용 문장
- 청동 검, 청동 거울, **청동 방울** 모두 당시 힘이 있는 사람만 사용했던 물건이었다.
- **청동 방울**은 제사를 지낼 때 사용했다.

어제 퀴즈! 청동기 시대에 제사 지낼 때 쓰던 거울이야. 뭘까?

11월 11일

일제 강점기

을사오적
(乙 새 을 巳 뱀 사 五 다섯 오 賊 도둑 적)

을사조약을 찬성한 다섯 명의 신하

나라의 외교권을 팔아 넘긴 다섯 명의 도적이라는 뜻이야. 1905년 을사조약을 맺는 데 찬성하고 서류에 서명한 다섯 명의 신하를 말해. 이완용, 이지용, 박제순, 이근택, 권중현이지. 나라를 팔아 먹었다고 하여 매국노라고도 불러.

한 걸음 더!

을사오적은 일본 편에 서서 높은 자리에 오르거나 많은 재산을 얻었어. 이는 후손들에게까지 이어져 친일파의 후손들도 잘 살고 있다고 해. 이런 점에 대해 어떻게 생각해?

어제 퀴즈!
아시아를 침략한 사람으로 조선과 억지로 을사조약을 맺게 한 사람은?

2월 17일 | 선사시대

농경문 청동기
(農 농사 **농** 耕 밭갈 **경** 文 글월 **문** 靑 푸를 **청** 銅 구리 **동** 器 그릇 **기**)

농사 짓는 모습이 새겨진 청동기

농사짓는 모습이 새겨진 청동기야. 끈을 달아 사용했던 것으로 짐작하고 있어. 밭을 일구는 사람, 농기구(따비와 괭이), 솟대, 나뭇가지에 앉아 있는 새 등이 그려져 있지. 아랫부분은 깨져 사라져서 남아 있지 않아.

한 걸음 더!

농경문 청동기에 새겨진 그림을 잘 보면 당시 어떻게 농사를 지었는지 알 수 있어. 밭을 가는 모습으로 보아 논농사보다는 밭농사를 더 많이 지었다는 것을 짐작해 볼 수 있지.

어제 퀴즈! 청동기 시대에 제사 지낼 때 쓰던 도구로 흔들면 소리 나는 방울이야. 뭘까?

11월 10일

일제 강점기

이토 히로부미

일본 정치가로 을사조약을 맺게 한 사람
(1841년~1909년)

아시아를 침략한 사람으로 조선이 일본과 억지로 을사조약을 맺게 한 사람이야. 고종이 헤이그로 신하를 보냈다는 이유로 고종을 물러나게 했어. 1909년 안중근에게 저격 당해 세상을 떠났어.

활용 문장
- **이토 히로부미**는 대한민국의 주권을 빼앗는 데 앞장선 사람이다.
- 안중근은 **이토 히로부미**를 저격했다.

어제 퀴즈! 이토 히로부미를 죽인 독립운동가는 누구지?

2월 18일 | 선사 시대

고인돌

청동기 시대 족장의 무덤

청동기 시대에 족장이 죽으면 만들었던 무덤이야. 커다란 돌로 만들었는데, 고인돌에 묻힌 사람이 큰 힘을 가진 사람이라는 것을 보여 줘. 전 세계에 고인돌이 있는데 우리나라에 가장 많이 있어.

탐방 정보: 고창, 화순, 강화에는 수많은 고인돌이 모여 있는 고인돌 유적지가 있어. 2000년 12월에 유네스코 세계 문화유산으로 지정되기도 했지. 전라북도 고창에는 고인돌 박물관도 있어.

어제 퀴즈! 농사 짓는 모습이 새겨진 청동기는?

11월 9일 — 일제강점기

안중근

이토 히로부미를 죽인 독립운동가
(1879년~1910년)

안중근은 을사조약이 맺어진 후 삼흥 학교를 세웠어. 나라를 이끌 인재를 키우고 연해주에서 의병 운동도 했어. 1909년에는 동지 11명과 나라를 위한 싸움을 각오하는 단지 동맹도 맺었지. 그러다 만주 하얼빈으로 이토 히로부미가 온다는 소식을 듣고 그를 죽였어. 이후 재판을 받고 사형을 당했지.

 **탐방 정보**
서울 중구에 안중근 의사 기념관이 있어. 그에 관한 다양한 전시를 관람하고 체험하면서 독립운동가의 숨결을 느껴보면 어떨까?

 **어제 퀴즈!** 일본이 조선을 다스리기 위해 경복궁에 세운 건물은?

2월
19일

선사 시대

고조선
(古 옛 고 朝 아침 조 鮮 고울 선)

우리나라 최초의 국가
(B.C.2333년)

단군왕검이 세운 우리나라 최초의 국가야. 청동기 문화를 바탕으로 세워졌고, 수도는 아사달이었어. B.C. 108년, 한나라에 의해 멸망하기까지 만주와 한반도 북부까지 힘을 펼친 강한 나라였어.

탐방 정보

인천광역시 강화군 마니산에 가면 단군왕검이 하늘에 제사를 지냈다고 알려진 강화 참성단이 있어.

어제 퀴즈!
청동기 시대 족장의 무덤을 뭐라고 하지?

11월 8일 — 일제 강점기

조선 총독부

(朝 아침 **조** 鮮 고울 **선** 總 거느릴 **총** 督 살필 **독** 府 마을 **부**)

일본이 조선을 다스리기 위해 만든 기관

경복궁에 세웠던 총독부는 일본이 1910년부터 1945년까지 우리나라를 지배하기 위해 만든 기관이야. 여러 권한을 가지고 조선의 모든 것을 다스렸어. 문화적인 것, 경제적인 것, 정치적인 것들 모두 말이야.

활용 문장
- **조선 총독부**의 첫 번째 총독은 데라우치 마사타케이다.
- 일본은 조선을 다스리기 위해 **조선 총독부**를 세웠다.

어제 퀴즈! 일본이 우리나라를 강제로 점령하여 다스린 시기를 뭐라고 해?

2월 20일

단군왕검

(檀 박달나무 **단** 君 임금 **군** 王 임금 **왕** 儉 검소할 **검**)

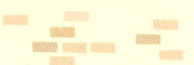 선사 시대

고조선을 세운 시조

환웅과 웅녀 사이에서 태어나 고조선을 세운 사람이야. 환웅은 하늘의 아들이었는데, 곰에서 사람이 된 웅녀와 결혼해 단군을 낳았어. 단군은 제사장과 왕의 역할을 모두 했지. 《삼국유사》에는 단군이 1500년 동안 나라를 다스렸고, 1908세에 산신이 됐다고 해. 그래서 그 이후 지도자들을 합쳐 부르는 말이라는 의견도 있어.

 활용 문장
- 대한민국 첫 나라인 고조선의 시조 임금은 **단군왕검**이다.
- **단군왕검**은 도읍을 아사달로 정했다.

어제 퀴즈! 우리나라 최초의 국가는?

11월 7일

일제 강점기

일제 강점기
(日 날 **일** 帝 임금 **제** 強 강할 **강** 占 차지할 **점** 期 기약할 **기**)

일본이 우리나라를 강제로 점령하여 다스린 시기
(1910년~1945년)

일본은 고종을 왕의 자리에서 끌어내린 후 대한 제국 군대를 없앴어. 이후 침략에 앞장선 이토 히로부미가 안중근에 의해 죽임을 당하지만, 결국 조선은 일본에게 넘어갔지. 이때부터 대한 제국은 35년간 일본의 지배를 받았어. '일제 강점기'는 일본 제국주의에 의해 강제로 점령 당한 시기라는 뜻이야.

일본은 일제 강점기에 대해 제대로 사과하지 않고 교과서에도 정확히 설명하지 않는 등 역사 왜곡을 이어오고 있어. 2024년부터 일본 학생들이 배우는 교과서에는 조선인을 강제로 군대로 보낸 '징병'이라는 단어를 뺀다고 해.

백성들이 자신의 돈이나 물건을 판 돈을 모아 나라의 빚을 갚고자 했던 운동은?

2월 21일

선사 시대

홍익인간
(弘 넓을 홍 益 더할 익 人 사람 인 間 사이 간)

고조선의 건국 이념

널리 인간을 이롭게 한다는 뜻으로 《삼국유사》의 단군 신화에 나오는 말이야. 모든 사람을 고루 사랑하고 돕는다는 말이지. 단군이 고조선을 세우면서 우리 백성 모두가 잘 살기를 바라는 마음이 담겨 있어.

활용 문장
- 고조선은 **홍익인간**의 정신으로 만들어진 나라이다.
- 삼국유사의 고조선 건국 신화에 **홍익인간**에 대해 나온다.

어제 퀴즈! 고조선을 세운 시조는 누구지?

11월 6일

대한제국

국채 보상 운동
(國 나라 국 債 빚 채 報 갚을 보 償 갚을 상 運 운전할 운 動 움직일 동)

일본에 진 빚을 갚자는 운동
(1907년)

애국 계몽 운동 중 하나야. 일본에 진 빚을 갚아 일본에게서 벗어나고자 했던 운동인데, 대구에서 시작되어 전국으로 퍼져 나갔어. 백성들이 나라 빚을 갚기 위해 모은 돈이나 물건을 판 돈을 내놓았지만 일본의 방해로 끝나고 말았어.

1997년, 우리나라에 위기가 있었어. 외환이 부족해 외국에서 빌린 돈을 갚지 못하고 외국에서 필요한 것을 사 오기도 어려웠지. 이때 사람들은 국채 보상 운동처럼 금 모으기 운동을 해서 나라의 경제를 살리려고 노력했어.

어제 퀴즈! 나라의 힘을 키워 일본으로부터 벗어나고자 한 애국 운동을 뭐라고 해?

2월 22일 · 선사 시대

8조법
(八 여덟 팔 條 가지 조 法 법 법)

고조선의 법

고조선은 법을 만들어 백성들을 다스렸어. '8조법'인데, 8개 법 조항 가운데 지금은 3가지만 전해져 오고 있어. '사람을 죽인 자는 즉시 사형에 처한다.', '남의 몸을 다치게 한 자는 곡물로써 보상한다.', '남의 물건을 도둑질하면 물건 주인의 노비가 되거나 50만 전을 내야 한다.'는 내용이야.

한 걸음 더!
8조법을 보면 당시 사회 여러 모습을 알 수 있어. 농경 사회였고, 사유 재산을 인정했으며, 신분이 있었다는 것 등이지. 법은 이렇게 그 당시 사회 모습을 알려주지!

어제 퀴즈!
고조선의 건국 이념을 4글자로 뭐라고 하지?
널리 인간을 이롭게 한다는 뜻이야.

11월 5일

대한제국

애국 계몽 운동

(愛 사랑 애 國 나라 국 啓 열 계 蒙 어두울 몽 運 운전할 운 動 움직일 동)

나라의 힘을 키워 일본으로부터 벗어나고자 한 운동

일본에게 우리나라를 빼앗긴 이유가 우리의 힘이 부족해서라고 생각한 지식인들이 나라를 되찾고자 한 모든 활동을 말해. 전국에 학교를 세워 훌륭한 사람을 키우고자 했고, 신문을 만들어 사람들이 독립 의지를 갖도록 했어.

활용 문장
- 조선은 일본으로부터 벗어나기 위해 **애국 계몽 운동**을 펼쳤다.
- **애국 계몽 운동**으로 사람들이 독립 의지를 가졌다.

어제 퀴즈! 고종이 헤이그 만국 평화 회의에 신하들을 보내 을사조약이 잘못되었음을 알린 사건은?

2월 23일

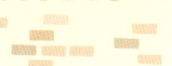
선사 시대

위만 조선
(衛 지킬 위 滿 찰 만 朝 아침 조 鮮 고울 선)

위만이 다스리던 시기
(기원전 194년~기원전 108년)

기원전 194년, 중국은 진나라에서 한나라로 바뀌는 시기였어. 위만이라는 사람이 이때 일어난 전쟁을 피해 백성들을 이끌고 고조선에 왔어. 위만은 힘을 키워 당시 고조선 왕인 준왕을 몰아내고 자신이 왕의 자리에 올랐어. 이때 위만이 가져온 철기 문화가 널리 퍼졌지. 이렇게 위만이 다스린 시기를 '위만 조선'이라고 해.

 역사를 이야기할 때 위만이 왕이 된 시기부터 위만 조선이라 부르지만, 위만은 스스로 나라 이름을 바꾸지 않았대. 그대로 조선이라고 했지.

 **고조선의 법을 뭐라고 하지?**

11월 4일 — 대한제국

헤이그 특사 사건
(特 특별할 **특** 使 부릴 **사** 事 일 **사** 件 사건 **건**)

헤이그 만국 평화 회의에서 을사조약이 잘못되었음을 알린 사건
(1907년)

나라를 일본에게 빼앗기자 고종은 네덜란드 헤이그에서 열리는 만국 평화 회의에 특사(나라를 대표해 특정한 목적으로 외국에 보내는 사람)를 보냈어. 이준, 이상설, 이위종이었지. 일본의 방해로 회의에 참석하지 못했으나 회의장 밖에서 이위종은 기자들에게 을사조약이 잘못 맺어졌다고 말했고 신문에 실리기도 했어.

이준은 헤이그에서 세상을 떠나 헤이그의 한 묘지에 묻혔어. 나중에 서울 강북구 수유동에 옮겨와 무덤이 만들어졌지. 원래 있던 헤이그 묘지에도 비석과 동상이 남아 있다고 해.

어제 퀴즈! 대한 제국과 일본 사이에 맺어진 불평등 조약으로 나라를 빼앗기게 된 조약은?

2월 24일 | 선사 시대

철기 시대
(鐵 쇠 **철** 器 그릇 **기** 時 때 **시** 代 대신할 **대**)

철로 만든 도구, 또는 철기를 사용했던 시대

한반도에서는 기원전 5세기경부터 철기를 사용했어. 철기는 청동기보다 단단하고 날카로웠어. 괭이나 도끼 등의 농사 도구도 만들어 사용했지. 이 철기를 사용하던 시대를 '철기 시대'라고 해. 철제 무기와 농기구를 쓰게 되었지만 청동은 여전히 제사를 지내는 도구로 사용되었어.

활용 문장
- 단단하고 날카로운 **철기**로 농사를 짓자 생산량이 늘었다.
- 철로 만든 도구를 사용한 시대가 **철기 시대**다.

 어제 퀴즈! 위만이 고조선을 다스리던 시기를 뭐라고 불러?

11월 3일 학생 독립운동 기념일

대한 제국

을사조약
(乙 새 **을** 巳 뱀 **사** 條 가지 **조** 約 맺을 **약**)

대한 제국과 일본 사이에 맺어진 불평등 조약
(1905년)

일본은 러일 전쟁에서 승리하고 고종 황제의 허락 없이 신하들과 '을사조약'을 맺었어. 우리의 외교권이 일본에게 넘어간 거야. 이때 을사조약을 맺은 다섯 명의 신하를 '을사오적'이라고 해. 박제순, 이지용, 이근택, 이완용, 권중현이지. 이후 대한 제국은 일본의 식민지가 되고 말았어.

한 걸음 더! 많은 이들이 나라를 빼앗긴 슬픔을 표현했어. 그중 언론인 장지연은 '시일야방성대곡'(이 날에 목 놓아 우노라)이라는 글을 신문에 싣기도 했어.

어제 퀴즈! 우리나라를 차지하고 싶어 러시아와 일본 사이에 일어났던 전쟁은?

2월 25일 — 선사 시대

부여
(扶 도울 **부** 餘 남을 **여**)

고조선 이후 철기를 바탕으로 만주에 세워진 나라

부여는 쑹화강(백두산에서 시작하는 강) 유역의 평야(넓고 평평한 땅) 지대에서 성장한 국가로 농경과 목축이 발달했어. 1세기부터 왕이라는 이름을 쓸 정도로 강했고, 중국과 잘 지냈지. 순장이라는 풍습이 있었는데 왕이나 귀족이 죽으면 다른 사람을 함께 묻는 걸 말해.

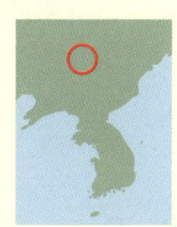

한 걸음 더! 부여는 족장의 이름을 말[馬(마)], 소[牛(우)], 돼지[猪(저)], 개[狗(구)]와 같이 가축의 이름을 붙여서 '마가, 우가, 저가, 구가'라고 했어. 부여가 목축을 중요하게 여겼다는 것을 알 수 있지.

어제 퀴즈! 철로 만든 도구, 또는 철기를 사용했던 시대를 뭐라고 불러?

11월 2일

대한 제국

러일 전쟁
(戰 싸울 전 爭 다툴 쟁)

러시아와 일본 사이의 전쟁
(1904년~1905년)

청일 전쟁에서 일본이 이기고 조선 땅에서 일본의 힘이 커지자 조선은 러시아와 친하게 지내려고 했어. 그러자 일본이 이를 싫어해서 러시아와 벌인 전쟁이 '러일 전쟁'이야. 일본이 승리했고 대한 제국과 을사조약을 맺었어.

 **한 걸음 더!** 러일 전쟁 중 일어난 슬픈 일이 한 가지 있어. 1905년 일본이 독도를 다케시마라고 부르며 일본의 시마네 현에 포함시켰던 일이야.

 어제 퀴즈! 조선 말기 고종이 국가의 자주 독립을 위해 바꾼 나라 이름은?

2월 26일 — 선사 시대

옥저
(沃 기름질 옥 沮 막을 저)

고조선 이후 함경도 일대에 세워진 나라

오늘날 함경도 동해안에 있었던 나라야. 부여 사람들 중 일부가 만든 나라라고 짐작하고 있어. 바닷가라서 소금, 물고기 등이 많았고 농사도 잘 되어서 풍족하게 살았다고 해.

 **한 걸음 더!**
옥저는 신부가 10여 세가 되면 약혼을 한 후 신랑 집에 가서 살았어. 신부가 어른이 되면 신랑이 신부 집에 결혼 예물을 주고 결혼식을 올렸지. 이를 '민며느리제'라고 해.

어제 퀴즈! 고조선 이후 철기를 바탕으로 만주에 세워진 나라는?

11월 1일

대한 제국

대한 제국
(大 큰 대 韓 나라 한 帝 임금 제 國 나라 국)

조선 말기 고종이 국가의 자주 독립을 위해 바꾼 나라 이름
(1897년~1910년)

아관파천 이후 다른 나라들에게 힘과 권력이 넘어가게 되었어. 독립 협회는 러시아 공사관으로 피신한 고종에게 돌아오라고 강력하게 요구했어. 고종은 1년 만에 돌아와 나라 이름을 '대한 제국'으로 바꾸고 황제 자리에 올랐어. 대한 제국은 새로운 문물을 받아들였고 사람들의 생활 모습이 많이 달라지게 되었어.

'제국'은 황제가 다스리는 나라라는 뜻이야. 왕보다 높은 황제라는 호칭을 쓰고 나라를 황제의 나라로 높인 것은 중국의 황제와 같은 위치에 있음을 알리고자 한 거야.

조선 시대 승정원에서 다룬 문서와 사건을 기록한 일기는?

2월
27일

선사
시대

동예
(東 동녘 동 濊 깊을 예)

고조선 이후 고대 동해안 지역에 있었던 나라

동예 사람들은 고구려와 같은 민족이라고 생각했어. 풍속이나 언어가 실제로 비슷했기 때문이지. 같은 부족끼리는 결혼할 수 없다는 풍속(족외혼)이 있었고, 농업을 주로 했어. 매년 10월에는 하늘에 제사를 지내는 무천이라는 행사가 있었어.

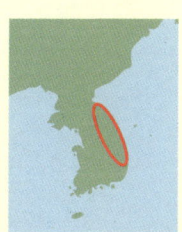

한 걸음 더!

동예는 단궁(짧은 활), 과하마(과일나무 아래로 지나갈 만큼 키가 작은 말), 반어피(바다표범 가죽) 등의 특산품이 유명했어. 동예가 고구려에게 조공을 바치면 단궁을 특히 좋아했다고 해.

어제 퀴즈!

고조선 이후 함경도 일대에 세워진 나라로 소금, 물고기가 많았던 나라는?

11월

대한 제국 일제 강점기

고종이 대한 제국을 선포했지만
결국 일본에 나라를 빼앗기고 말았어요.
이 시기에는 가슴 아픈 일들이 많이 일어났지요.

한편으론 나라를 되찾고자 하는 움직임도 있었어요.
용어를 하나씩 익힐 때마다
우리 민족이 겪은 아픔도, 그리고 우리가 얼마나 나라를
되찾고 싶어했는지 그 간절함도 느낄 수 있을 거예요.

2월 28일　　　　　　　　　　　　　　　선사시대

삼한
(三 석 **삼** 韓 나라 **한**)

고조선 이후 한반도 남쪽 지역에 있었던 세 나라

고조선 유민(나라 잃은 백성)들과 그들의 철기 문화를 바탕으로 만들어진 나라야. 마한, 진한, 변한 세 나라를 합쳐 '삼한'이라고 해. 땅도 좋고, 기후도 좋아 벼농사가 발전했어. 특히 변한은 철이 풍부해서 철을 수출하기도 했어.

 **한 걸음 더!** 고조선에 위만이 와서 준왕을 몰아냈다는 이야기 기억해? 준왕이 간 곳이 바로 이곳 삼한이야.

 **어제 퀴즈!** 고조선 이후 고대 동해안 지역에 있었던 나라로 무천이라는 행사가 있었던 나라는?

10월 31일

조선

승정원일기

(承 받들 승 政 정사 정 院 집 원 日 날 일 記 기록할 기)

조선 시대 승정원에서 다룬 문서와 사건을 기록한 일기

승정원은 지금의 대통령 비서실하고 비슷한 곳이야. 왕과 부서들이 서로 의견을 주고받으며 일한 곳이지. 승정원에서는 왕이나 부서들에서 일어난 일을 기록했는데, 이것이 '승정원일기'야. 조선 왕조의 시작부터 멸망까지 모두 기록되어 있어. 우리나라 국보이기도 해. 2001년 유네스코 세계 기록 유산으로 지정되었어.

활용 문장

- **승정원일기**의 분량은 조선왕조실록의 4배가 넘는다.
- 조선 시대 승정원에서 일어난 일을 기록한 것이 **승정원일기**다.

어제 퀴즈! 조선 제1대 왕부터 제25대 왕까지의 일들을 순서대로 기록한 책은?

3월

고구려·백제

고구려, 백제, 신라가 있던 시대가 삼국 시대인데요,
3월은 그중 고구려와 백제 관련 용어를 알아볼 거예요.

두 나라는 서로 비슷한 시기에 생겨 영토를 차지하기 위해
자주 싸우곤 했어요.

3월 용어를 잘 익히면
두 나라가 어떻게 지냈는지 알 수 있어요.
가장 발전시킨 왕과 문화재도요!

10월 30일

조선

조선왕조실록

(朝 아침 **조** 鮮 고울 **선** 王 임금 **왕** 朝 아침 **조** 實 열매 **실** 錄 기록할 **록**)

조선 왕들의 역사를 기록한 책

조선 제1대 왕부터 제25대 왕까지 벌어진 일들을 순서대로 기록한 책이야. 모두 1,893권 888책으로 무척 많지. 사관(역사 기록하는 사람)들이 기록했는데 왕의 말과 행동, 관리들이 한 일 등 세세하게 기록했다고 해. 사실대로 쓰였기 때문에 역사책으로서 가치가 높아. 유네스코 세계 기록 유산이기도 해.

조선왕조실록에는 고종과 순종이 포함되어 있지 않아. 일본에 의해 쓰여졌기 때문이지. 그래서 제25대 왕인 철종까지 있어.

서재필이 만든 우리나라 최초의 민간 신문은?

3월 1일 — 삼일절

삼국 시대

삼국 시대
(三 석 **삼** 國 나라 **국** 時 때 **시** 代 대신할 **대**)

고구려, 백제, 신라가 함께 있던 시대

고구려, 백제, 신라가 있던 시기를 '삼국 시대'라고 해. 세 나라는 서로 싸우거나 손잡고 다른 나라와 싸우기도 했어. 세 나라는 한강을 차지하려고 다투었고, 승리한 나라는 전성기를 맞이했어. 백제는 근초고왕 때, 고구려는 장수왕 때, 신라는 진흥왕 때 한강을 차지했지.

사실 이 시기에 가야도 있었어. 그러나 가야는 왕 중심이 아닌, 여러 나라가 모인 형태이기 때문에 가야를 제외하고 삼국 시대라고 불렀어. 하지만 가야도 한때 문화를 발전시키고 힘이 있었기 때문에 '사국 시대'라고 불러야 한다는 의견도 있어.

어제 퀴즈! 고조선 이후 한반도 남쪽 지역에 있었던 마한, 진한, 변한을 합해서 뭐라고 불러?

10월
29일

조선

독립신문
(獨 홀로 독 立 설 립 新 새로울 신 聞 들을 문)

서재필이 만든 우리나라 최초의 민간 신문

1896년에 서재필이 만든 최초의 민간 신문이야. 개인이 만든 신문이라는 뜻이야. 한글로 쓰였고 외국에 우리나라 상황을 알리기 위해 영어로도 만들어졌어. 조선이 다른 나라의 힘없이 독립하려는 의지가 담겨있지. 많은 이들이 독립신문을 보면서 나라의 상황을 파악했어. 이때 독립 협회와 독립문이 만들어졌어.

서재필(1864년~1951년)은 우리나라 독립운동가야. 갑신정변에서 실패한 후 미국으로 갔다가 다시 돌아와 독립을 위해 노력했어.

고종과 왕세자가 러시아 공사관으로 몸을 피한 사건은?

3월 2일

고구려

고구려
(高 높을 고 句 구절 구 麗 고울 려)

삼국 가운데 주몽이 세운 나라
(기원전 37년~기원후 668년)

고구려는 주몽이 졸본에 세운 나라야. 활발한 정복 활동으로 북쪽, 남쪽 모두 땅을 넓혀갔지. 중국 수나라와 싸운 살수 대첩에서 승리한 적도 있지만, 거듭된 전쟁 때문에 나라의 힘이 점점 약해져서 신라와 당의 연합군에 의해 668년에 망하고 말았어.

활용 문장

- **고구려**는 한때 한강 아래쪽까지 땅을 넓힌 나라이다.
- **고구려**를 세운 사람은 주몽이다.

어제 퀴즈!

고구려, 백제, 신라가 함께 있던 시대를 뭐라고 해?

10월 28일 — 조선

아관 파천
(俄 갑자기 아 館 집 관 播 뿌릴 파 遷 옮길 천)

고종과 왕세자가 러시아 공사관으로 몸을 피한 사건
(1896년)

명성 황후가 일본에게 죽임을 당하자, 고종은 자신도 위험한 상황에 처할까 봐 러시아 공사관(아관)으로 몸을 피했어(파천). 이를 '아관 파천'이라고 해. 이후 러시아는 조선의 정치에 간섭하기 시작했어. 고종은 약 1년간 러시아 공사관에 머물렀어.

탐방 정보: 서울 정동에는 구러시아 공사관이 있어. 6·25 전쟁 때 불타서 모습을 거의 잃었다가 현재 다시 예전 모습으로 만들었어.

어제 퀴즈! 일본이 명성 황후를 죽인 사건은?

3월 3일 고구려

주몽

고구려를 세운 사람
(기원전 58년~기원전 19년)

고구려를 세운 사람으로, 동명 성왕(=동명왕)이라고도 해. 천제의 아들 해모수와 하백(압록강의 신)의 딸 유화 사이에서 태어났어. 활을 잘 쏘아서 '주몽'이라는 이름을 붙였다고 해. 졸본에 고구려를 세웠어.

 **한 걸음 더!**

주몽을 포함해 신라의 박혁거세, 가야의 김수로는 알에서 태어났어. 사람이 알에서 태어났다는 이야기를 '난생 설화'라고 해. 정말 알에서 태어났을까? 난생 설화는 그 인물이 얼마나 신비롭고 위대한지 강조하기 위해 만들어진 이야기야.

 어제 퀴즈! 삼국 중 하나로 주몽이 세운 나라는?

10월 27일

을미사변
(乙 새 을 未 아닐 미 事 일 사 變 변할 변)

 조선

일본이 명성 황후를 죽인 사건
(1895년)

일본이 조선을 집어삼키려고 하자 고종의 아내인 명성 황후는 러시아에게 도움을 요청했어. 그러자 일본은 경복궁에 몰래 숨어 들어 명성 황후를 죽였지. 이것이 '을미사변'이고 다른 말로 '명성 황후 시해(윗사람을 죽이는 것) 사건'이라고도 해.

 탐방 정보

서울 종로구에 있는 경복궁에 가면 옥호루가 있어. 명성 황후가 시해된 곳이야. 당시 일본이 없앴으나 우리가 다시 만들었어.

 어제 퀴즈! 조선 후기 우리나라 땅에서 벌어진 청나라와 일본의 전쟁은?

3월 4일 | 고구려

소수림왕

고구려의 17번째 왕
(?~384년)

아버지인 고국원왕이 백제와 싸우다 세상을 떠나면서 고구려는 위기를 맞이했어. 소수림왕이 불교와 유교를 받아들이고, 율령을 만들어 왕권을 강화하면서 고구려는 다시 일어섰어. 태학이라는 대학도 세웠지. 그 결과 조카인 광개토 대왕이 고구려의 전성기를 가져올 수 있게 되었지.

한 걸음 더! 율령은 나라를 잘 다스리기 위해 만든 법이나 절차를 뜻해. 이런 법이나 절차가 있어야 백성들을 더 잘 다스릴 수 있거든.

어제 퀴즈! 고구려를 세운 사람은 누구일까?

10월 26일 — 조선

청일 전쟁
(淸 맑을 청 日 날 일 戰 싸울 전 爭 다툴 쟁)

조선 후기 우리나라 땅에서 벌어진 청나라와 일본의 전쟁
(1894년~1895년)

1차 동학 농민 운동을 진정시키기 위해 조선은 청나라에게 도와달라고 했어. 그러자 일본 군까지 조선에 들어왔지. 일본이 먼저 공격했는데, 이게 '청일 전쟁'이야. 두 나라 모두 조선을 욕심냈지만, 일본이 승리했어. 이에 동학 농민군이 화가 나 맞섰지만(2차 동학 농민 운동) 조선 관군과 일본이 한데 뭉쳐 농민군을 제압하고 말았어.

활용 문장
- **청일 전쟁**으로 인해 일본은 조선을 쉽게 차지할 수 있게 되었다.
- 청나라와 일본이 우리 땅에서 **청일 전쟁**을 일으켰다.

어제 퀴즈! 세 번에 걸쳐 진행된 조선 후기 개혁 운동은?

3월 5일

고구려

광개토 대왕

고구려의 제19대 왕
(374년~412년)

이름은 담덕이고, 18세에 고구려 왕이 되었어. 땅을 넓히고자 하는 큰 꿈을 가지고 남쪽으로 한강 위쪽까지, 북쪽은 만주까지 땅을 넓혔지. 39세라는 젊은 나이에 세상을 떠났어. '광개토'는 땅을 넓혔다는 뜻이야.

광개토 대왕의 묘호는 '국강상광개토경평안호태왕'이야. 줄여서 광개토 대왕 혹은 호태왕으로 불러. 묘호는 임금에게만 붙이는 시호야. 시호는 임금의 평생 공덕을 기리기 위해 붙이는 이름이야.

 고구려의 17번째 왕으로, 율령과 불교를 받아들인 왕은 누구일까?

10월 25일 독도의 날

조선

갑오개혁

(甲 갑옷 갑 午 낮 오 改 고칠 개 革 가죽 혁)

세 번에 걸쳐 진행된 조선 후기 개혁 운동
(1894년~1896년)

동학 농민 운동 이후 조선은 백성의 바람대로 나라를 바꾸기로 했어. 그런데 일본이 나서서 경복궁을 차지하고 일본의 방식대로 바꾸기를 요구했지. 이후 김홍집을 중심으로 움직임이 있었는데, 이게 '갑오개혁'이야. 이 개혁으로 신분제가 사라지고, 청나라에 의지하지 않기로 하는 독립 등 새로운 변화가 시작됐어.

활용 문장
- **갑오개혁**은 일본이 끼어드는 바람에 완전히 독립적이지 못했다.
- 조선 후기 나라를 바꿔 보고자 김홍집을 중심으로 움직인 **갑오개혁**이 있었다.

어제 퀴즈! 동학 농민 운동의 지도자로 별명이 녹두 장군인 이 사람은?

3월 6일

고구려

장수왕

고구려의 제20대 왕
(394년~491년)

아버지인 광개토 대왕의 뒤를 이어 80년 동안 고구려를 다스렸어. 국내성이었던 수도를 평양으로 옮기고 남쪽으로 힘을 뻗어 나갔어. 475년에는 백제의 수도 한성을 함락시키고 개로왕을 죽이면서 고구려의 땅이 한강 아래쪽까지 내려올 수 있었어. 고구려 최대 전성기였지.

 장수왕의 이름은 '목숨이 길다'는 뜻이야. 97세까지 장수했다니, 이름처럼 오래 살았지? 그래서 아들 조다는 왕의 자리에 오르지 못하고 죽었다고 해.

 고구려 땅을 크게 넓힌 왕으로 장수왕의 아버지는 누구지?

10월 24일 조선

전봉준

동학 농민 운동 지도자
(1855년~1895년)

조선 후기 동학 농민 운동을 이끈 사람이야. 당시 전라도 고부군의 군수였던 조병갑이 백성들을 괴롭히자 전봉준이 동학 농민군과 운동을 일으켰어. 녹두 장군이라고도 불리는 그는 잡혀가 처형을 당했지.

전봉준은 키가 작아 별명이 녹두 장군이었어. 그가 세상을 떠나자 많은 이들이 슬퍼하며 '새야 새야 파랑새야'라는 노래를 불렀다는 이야기가 있어.

전라도 고부군에서 동학 농민이 일으킨 혁명은?

3월 7일 고구려

국내성
(國 나라 국 內 안 내 城 재 성)

고구려의 두 번째 수도

주몽의 아들인 유리왕이 수도를 졸본에서 국내성으로 옮겼어. 장수왕이 427년 평양성으로 수도를 옮기기 전까지 고구려의 수도는 국내성이었어. 위치는 지금의 중국 지린성 지안시야. 국내성이 수도였을 때 여기를 중심으로 땅도 많이 넓히고 나라의 힘을 키웠어.

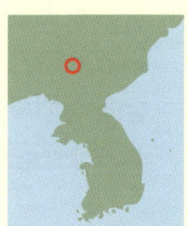

수도를 국내성으로 옮긴 뒤에는 적의 공격에 대비해 산성을 쌓았어. 국내성을 중심으로 둘러싸여 있어 환도 산성이라고 불러.

광개토 대왕의 아들로 땅을 많이 넓힌 왕은 누구야?

10월 23일   조선

동학 농민 운동

(東 동녘 **동** 學 배울 **학** 農 농사 **농** 民 백성 **민** 運 옮길 **운** 動 움직일 **동**)

전라도 고부군에서 동학 농민이 일으킨 혁명
(1894년)

나라가 어지럽자 농민들이 살기 힘들어졌어. 그 와중에 전라도 고부군의 군수였던 조병갑이 백성들을 괴롭히자 전봉준을 중심으로 일어난 운동이야. 한때는 관군을 이기기도 했지만 청나라, 일본이 끼어드는 바람에 실패하고 말았어. 이 운동은 훗날 항일 의병 투쟁, 3·1운동으로 이어졌어.

탐방 정보

전라북도 정읍시 덕천면에는 동학 농민 혁명 기념관이 있어. 갑오 동학 혁명 기념탑을 비롯해 동학 농민 운동의 기운을 느껴볼 수 있는 전시가 많아.

어제 퀴즈! 조선 젊은이들이 나라 발전을 위해 일으켰지만 3일 만에 끝난 이 정변 이름은?

3월 8일   고구려

평양성
(平 평평할 평 壤 흙 양 城 재 성)

고구려의 세 번째 수도

고구려의 첫 번째 수도인 졸본과 두 번째 수도인 국내성에 이어 세 번째 수도이자 고구려의 마지막 수도가 평양성이야. 광개토 대왕의 아들인 장수왕이 427년에 이곳으로 수도를 옮겼지.

 평양성은 졸본, 국내성과 달리 남쪽에 있어.
남쪽으로 힘을 펼치고 싶었던 장수왕의 마음을 엿볼 수 있지.

 고구려의 두 번째 수도는?

10월 22일 조선

갑신정변
(甲 갑옷 갑 申 거듭 신 政 정사 정 變 변할 변)

조선 젊은이들이 나라 발전을 위해 일으킨 정변
(1884년)

김옥균을 중심으로 서재필, 박영효 등 조선의 젊은 사람들이 조선을 새롭게 바꾸고 싶어 일으킨 정변이야. 우정국이 문을 여는 날 일어났어. 신분 제도를 없애고 능력 있는 관리를 뽑자고 주장했지만 청나라가 끼어드는 바람에 3일 만에 실패하고 말았어.

한 걸음 더! 우정국은 조선 후기 때 지금의 우체국 역할을 한 곳이야. 최초의 우체국이라고 할 수 있지. 서울 종로구에 가면 우정총국이 있어.

어제 퀴즈! 고종 때 구식 군대가 차별에 저항하며 일으킨 난은?

3월 9일 — 고구려

무용총 수렵도
(舞 춤출 **무** 踊 뛸 **용** 冢 무덤 **총** 狩 사냥 **수** 獵 사냥할 **렵** 圖 그림 **도**)

중국 지린성 지안현에 있는 고구려 무덤 안의 수렵(사냥) 그림

'무용총'은 현재 중국에 있는 고구려의 무덤이고, 무덤 안에는 그 당시 사람들이 무용하는 모습이 그려진 벽화가 있어. 이 벽화 이외에 사냥하는 모습을 그린 수렵도, 집의 모습 등 다양한 벽화가 있어. 고구려 사람들의 매우 힘찬 기운이 느껴지지. 이 벽화들은 무덤 벽에 그려서 고분(옛 무덤) 벽화(벽에 그린 그림)라고 해.

고구려 사람들이 무덤에 벽화를 그린 까닭은 죽은 이후에도 살아있던 때와 똑같이 잘 살기를 바라는 마음이 있었기 때문이야.

어제 퀴즈! 고구려의 세 번째 수도로 장수왕이 이곳으로 옮겼어. 어디일까?

10월 21일 — 조선

임오군란
(壬 북방 **임** 午 낮 **오** 軍 군사 **군** 亂 어지러울 **란**)

고종 때 일어난 구식 군대의 난
(1882년)

1882년 구식 군인들이 일으킨 난이야. 강화도 조약 이후 조선은 신식 군대를 만들었어. 그런데 신식 군대를 만들고 유지하느라 구식 군대는 월급을 제대로 받지 못했고, 이에 화가 나서 난을 일으켰어. 청나라는 이를 해결해 준다며 간섭했지.

활용 문장
- **임오군란**은 신식 군대와의 차별 때문에 화가 난 구식 군대가 일으킨 난이다.
- **임오군란**이 일어나자 청나라가 간섭했다.

어제 퀴즈! 고종의 아내로 일본에 의해 죽임을 당한 이 사람은?

3월 10일 — 고구려

광개토 대왕릉비
(廣 넓을 광 開 열 개 土 흙 토 大 큰 대 王 임금 왕 陵 큰 언덕 릉 碑 비석 비)

광개토 대왕의 업적을 기리기 위해 세운 비석

광개토 대왕이 죽은 후에 아들인 장수왕이 세운 비석이야. 광개토 대왕 무덤 근처에 있어. 네 면에는 고구려 건국에 대한 이야기와 광개토 대왕이 해낸 일 등이 적혀 있어. 높이 6.39m에 무게가 37톤이야. 총 글자 수는 1775자 정도였다고 짐작하고 있어. 그런데 그중 140여 자 이상은 알아볼 수 없다고 해.

한 걸음 더! 광개토 대왕릉비는 고구려가 멸망한 이후 계속 방치되었어. 그러다 1877년 청나라 관리가 발견한 이후 널리 알려졌지.

어제 퀴즈! 고구려 무용총 무덤 안에 있는 그림을 무용총 □□□라고 해. 뭘까?

10월 20일   조선

명성 황후
(明 밝을 명 成 이룰 성 皇 임금 황 后 임금 후)

고종의 왕비이자 황후
(1851년~1895년)

강화도 조약을 맺은 후, 명성 황후는 조선의 발전을 위해 그동안 닫았던 나라의 문을 열고 서양의 문물을 적극적으로 받아들이기 시작했어. 이를 개화 정책이라고 해. 흥선 대원군의 쇄국 정책과 반대되는 말이지. 1895년 명성 황후는 일본에 의해 세상을 떠나게 돼.

탐방 정보

경기도 여주시에는 명성 황후 생가(태어난 집)가 있어. 생가 맞은 편에는 명성 황후 기념관도 있지.

어제 퀴즈!   강화도에서 조선과 일본이 맺은 불평등한 조약은?

3월 11일

고구려

충주 고구려비

(忠 충성 **충** 州 고을 **주** 高 높을 **고** 句 구절 **구** 麗 고을 **려** 碑 비석 **비**)

장수왕이 영토를 넓힌 후 세운 비석

장수왕이 한반도 중부 지역까지 영토를 넓힌 후 세운 비석이야. 우리나라 국보로 지금은 충주에 있어. 국내에 남은 유일한 고구려 비석이야. 총 700여 자가 새겨져 있었는데 훼손되어 200여 자만 읽을 수 있어. 이 비석을 통해 5세기 무렵 고구려의 영토 확장과 신라와의 관계를 알 수 있기에 중요한 자료야.

충주 고구려비는 충청북도 중원군에서 발견되어 처음에는 '중원 고구려비'라고 불렀어. 그 후 중원군이 충주시와 하나가 되면서 이름도 '충주 고구려비'로 바뀌었어.

 광개토 대왕의 업적을 기리기 위해 세운 비석은?

10월 19일 — 조선

강화도 조약
(江 강 **강** 華 빛날 **화** 島 섬 **도** 條 가지 **조** 約 맺을 **약**)

강화도에서 조선과 일본이 맺은 조약
(1876년)

1876년(고종 13년)에 조선과 일본이 맺은 조약이야. 조약을 맺은 이후 조선은 일본에 개항(항구를 열어 외국과 서로 통하는 일)했어. 조약의 내용을 보면 철저히 일본에게 유리하고 조선은 불리한 불평등 조약이었어.

활용 문장
- **강화도 조약**은 조선이 일본과 맺은 조약이다.
- **강화도 조약**은 우리가 손해 보는 불평등 조약이다.

어제 퀴즈! 제너럴 셔먼 호를 불태운 일을 핑계로 조선 후기 미국이 침입한 이 전쟁은?

3월 12일 | 고구려

살수 대첩
(薩 보살 살 水 물 수 大 큰 대 捷 이길 첩)

고구려와 수나라의 대표적인 싸움
(612년)

612년에 있었던 고구려와 수나라의 싸움이야. 수나라 제2대 황제인 양제가 113만 대군을 이끌고 고구려를 공격했다가 패했어. 이후 30만 군사를 따로 뽑아 평양성으로 향했어. 이때 을지문덕 장군이 수나라 군을 살수에서 크게 물리친 싸움이야.

살수 대첩은 적군이 들어오는 곳에 우물을 모두 메우고, 수나라 군사들이 지쳐 돌아가는 길에는 둑을 터뜨려 몰살시키는 등 지혜와 전술이 돋보인 전쟁이야. 전쟁은 군사의 수도 중요하지만 이렇게 전술을 잘 짜야 해.

어제 퀴즈! 장수왕이 영토를 넓힌 후 충주에 세운 비석은?

10월 18일 | 조선

신미양요
(辛 매울 신 未 아닐 미 洋 큰 바다 양 擾 흐려질 요)

조선 후기 미국과의 전쟁
(1871년)

1866년 미국에서 제너럴 셔먼 호라는 배가 평양에 와서 물건을 사라고 강요하는 등 난폭하게 굴었어. 조선인들은 배에 불을 질렀고 미국은 5년 후 조선에 쳐들어와 강화도를 공격했지. 조선 군은 계속 저항했지만, 결국 모두 전사하고 말았어. 이 전쟁이 '신미양요'야.

제너럴 셔먼 호처럼 조선 후기 조선 바다에 종종 나타난 서양의 배를 이양선이라고 해. 우리 배와 모양이 다른 배라는 뜻이야.

조선 후기 프랑스와의 싸움으로 여러 문화재까지 빼앗긴 이 전쟁은?

3월 13일 고구려

을지문덕

살수 대첩을 승리로 이끈 고구려의 장군

살수 대첩을 승리로 이끈 사람이야. 수나라 장군 우중문이 별동대 30만 명을 이끌고 평양 근처까지 왔을 때 그에게 시를 한 편 지어 주고는 후퇴하게 했지. 그 후 돌아가는 수나라 군대를 향해 살수에서 막아 둔 물을 내보냈고 수나라 군대는 거의 전멸했어.

한 걸음 더! 수나라는 전쟁으로 너무 많은 힘을 쓰는 바람에 불만에 가득 찬 백성들이 반란을 일으켰어. 결국 세워진 지 38년 만에 멸망했지. 이후 당나라가 들어섰어.

어제 퀴즈! 을지문덕이 활약했던 고구려와 수나라의 대표적인 싸움은?

10월 17일 — 조선

병인양요
(丙 남녘 **병** 寅 동방 **인** 洋 큰 바다 **양** 擾 흐려질 **요**)

조선 후기 프랑스와의 전쟁
(1866년)

조선은 천주교를 믿지 못하게 하면서 프랑스에서 온 신부 9명과 천주교를 믿는 사람들을 죽였어. 이 사건을 병인박해라고 해. 그러자 프랑스가 이 일을 이유로 강화도로 쳐들어왔어. 프랑스는 우리나라 군대에게 크게 지고 후퇴하면서 강화도 안에 있던 많은 문화재를 빼앗아갔어. 이 전쟁을 '병인양요'라고 해.

병인양요 때 프랑스는 외규장각(왕실 도서관)에 보관하던 책들을 가져갔어. 프랑스로 공부하러 갔던 박병선 박사가 프랑스 국립 도서관에서 발견했고, 2011년 많은 노력 끝에 빌리는 형태로 다시 가져왔어.

어제 퀴즈! 서양을 멀리하겠다는 내용을 담아 흥선 대원군이 세웠던 비석은?

3월 14일

고구려

안시성 전투
(安 편안할 안 市 시장 시 城 재 성 戰 싸울 전 鬪 싸움 투)

고구려와 당나라가 안시성에서 벌인 전투
(645년)

중국을 통일한 당나라 태종이 많은 군사를 이끌고 고구려에 쳐들어왔어. 태종은 주요 장소를 공격한 후 안시성에 도착했어. 태종은 빨리 전투를 끝내고 개경을 공격할 계획이었지. 하지만 이곳에서 싸우다 식량이 떨어지고 날씨가 추워져 물러갈 수밖에 없었어.

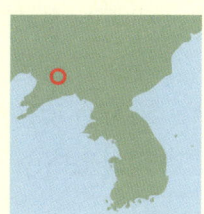

활용문장
- 수나라와의 싸움으로 지쳤지만 고구려는 **안시성 전투**에서도 승리하였다.
- **안시성 전투**는 당나라와 고구려의 싸움이다.

어제 퀴즈! 살수 대첩을 승리로 이끈 사람은?

10월 16일 조선

척화비
(斥 물리칠 척 和 화목할 화 碑 비석 비)

서양을 멀리하기 위해 세운 비석

병인양요와 신미양요를 겪은 후 흥선 대원군이 서양과 잘 지내지 않겠다는 마음을 담아 세운 비석이야. 비석을 전국에 세워 두어서 다른 사람들에게도 그 뜻을 알렸지. 그들이 왔을 때 싸우지 않는 것은 화해나 마찬가지라는 내용이 적혀 있어.

탐방 정보
척화비는 현재 부산광역시 시립 박물관에 있어. 1972년 6월 26일 부산광역시 기념물로 지정되었지.

어제 퀴즈! 고종의 아버지로 쇄국 정책을 펼친 이 사람은?

3월 15일 고구려

양만춘

고구려 안시성을 지킨 성의 우두머리

당나라 태종이 많은 군사를 이끌고 고구려를 공격했을 때 안시성의 우두머리(성주)로 있었어. 하루에도 몇 번씩 싸우며 당나라를 물리쳤지. 태어난 시기나 세상을 떠난 시기, 안시성 전투 이후의 일도 알려져 있지 않아.

한 걸음 더! 양만춘은 기록이 없다가, 조선 후기에 쓰인 책들에서 이름이 몇 번 나온다고 해. 그래서 정확한 이름인지는 알 수 없어.

어제 퀴즈! 고구려와 당나라가 안시성에서 싸운 전투 이름은?

10월 15일 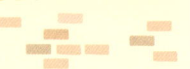조선

흥선 대원군
(興 일어날 흥 宣 베풀 선 大 클 대 院 집 원 君 임금 군)

고종의 아버지이자 조선 정치가
(1820년~1898년)

아들 고종 대신 조선을 다스렸어. 세도 정치 기간에 어지러워진 나라를 바꾸기 위해 신분보다는 능력 있는 사람을 높은 자리에서 일하게 했지. 옷도 단순하게 입도록 했고, 지방에 있는 서원도 47개만 남기고 정리했어. 양반에게도 세금을 내도록 했고, 서양 문물을 반대해 나라의 문을 걸어 잠그는 쇄국 정책을 펼쳤지.

 흥선 대원군은 나라의 문을 열면 우리나라가 외부 세력을 받아들여 나라가 넘어갈 것이라고 했어. 반면 나라의 문을 열어야 나라가 발전할 것이라는 반대 의견도 있었지. 어떤 생각이 더 맞는 것 같아?

 조선의 26번째 왕으로 을사조약 이후 왕의 자리에서 물러난 이 사람은?

3월 16일

백제

백제
(百 일백 백 濟 건널 제)

삼국 가운데 온조가 세운 나라
(기원전 18년~기원후 660년)

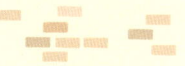

온조가 한강 근처에 세운 나라야. 수도는 위례성이야. 백제는 한강 유역의 기름진 좋은 땅을 가지고 있고 중국과 바다를 통해 서로 통하기 좋은 위치에 있어서 발전된 것들을 빨리 만날 수 있었어. 그래서 삼국 중 가장 먼저 발전했지.

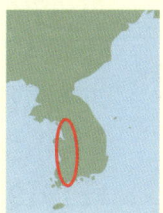

 한 걸음 더!

백제의 도읍들 중 한성 백제 외에 공주시, 부여군, 익산시 지역의 백제 시대 대표 유적지 8곳을 묶어 '백제 역사 유적 지구'로 정했어. 이곳은 2015년 우리나라의 12번째 세계 문화유산으로 지정되었지.

 어제 퀴즈!

안시성을 지킨 성의 우두머리야. 누굴까?

10월 14일

조선

고종

조선의 26번째 왕이자, 대한 제국 첫 번째 황제
(1852년~1919년)

고종은 12살에 왕이 되었어. 나이 어린 고종을 대신해서 아버지 흥선 대원군이 나라를 다스렸지. 22세가 됐을 때 직접 나라를 다스리려고 했지만, 부인 명성 황후가 세력을 얻게 되었어. 그러다 1905년 을사조약(을사늑약)을 맺은 후 일본의 강요로 왕의 자리에서 물러나 1919년 세상을 떠났어.

탐방 정보
서울 중구 정동 덕수궁에는 정관헌이라는 곳이 있어. 고종이 쉬면서 차도 마시고 외교 사절단을 맞이한 곳이야.

어제 퀴즈! 임금 대신 가까운 집안이 마음대로 나라를 다스리는 것을 뭐라고 할까?

3월
17일

백제

온조

백제를 세운 왕
(?~기원후 28년)

주몽의 셋째 아들이야. 부여에 두고 온 아들 유리가 태자(임금의 자리를 이을 임금의 아들)가 되자 형 비류와 함께 남쪽으로 내려와 위례성을 수도로 정하고 백제를 세웠어. 처음에 지은 나라 이름은 십제였는데 영토와 백성이 늘어나면서 이름을 백제로 바꾸었어.

주몽의 또 다른 아들인 비류도 지금의 인천인 미추홀에 나라를 세웠어. 그러나 소금기가 많은 땅이라 살기 좋지 않았지. 비류가 죽은 후 온조가 그 백성들을 받아들였어.

어제 퀴즈! 삼국 중 하나로 온조가 세운 나라는?

10월 13일   조선

세도 정치
(勢 기세 세 道 길 도 政 정사 정 治 다스릴 치)

임금 대신 가까운 집안 사람이나 신하들이 다스리는 것

정조가 갑자기 죽고 아들 순조가 11살에 임금이 되자 그 당시 대왕대비(왕의 할머니)가 대신 나라를 다스렸어. 대왕대비 집안 사람들이 힘을 가지고 나라를 마음대로 다스리게 되었지. 이들은 자신들의 이익만을 위해 일했어. 이를 '세도 정치'라고 해. 순종-헌종-철종까지 60년간 세도 정치가 이어졌어.

활용문장
- 조선 후기 **세도 정치** 때문에 백성들은 어려움을 겪었다.
- **세도 정치**로 조선은 힘을 잃어갔다.

어제 퀴즈! 동학을 처음 만든 사람은?

3월 18일

백제

근초고왕

백제의 13번째 왕
(?~375년)

근초고왕은 346년에 왕이 되어 375년까지 백제를 다스렸어. 마한과 고구려 등 여러 곳을 정복했지. 중국의 여러 지역, 게다가 일본까지 뻗어 나가서 백제를 크게 발전시켰어. 이를 기록해 남기려고 박사 고흥에게 백제 역사를 담아 《서기》라는 역사책도 쓰게 했어.

활용 문장
- 백제를 크게 발전시킨 전성기 왕은 **근초고왕**이다.
- **근초고왕**은 백제의 영토를 넓히는 데 힘썼다.

어제 퀴즈! 백제를 세운 왕은?

10월 12일 / 조선

최제우

동학을 처음 만든 사람
(1824년~1864년)

동학을 처음 만든 사람이야. 경주 최부자 집 사람 중 최진립의 후손이었어. 조선 후기 나라의 운이 다했다고 생각하고 새로운 변화를 꿈꾸었어. 당시 조선에 들어온 서학에 대처하기 위해서 동학을 만들었지. 그러나 조선이 인간 평등을 말하는 동학을 믿지 못하게 하면서 최제우도 사형을 당하고 말았어.

활용문장
- **최제우**는 동학을 처음 만든 사람이다.
- 동학을 만든 **최제우**는 사형을 당하고 말았다.

어제 퀴즈! 최제우가 창시한 종교는?

3월 19일 — 백제

위례성
(慰 위로할 위 禮 예도 례 城 재 성)

백제의 첫 번째 수도

지금의 서울이야. 한강 근처에 있고 온조가 백제를 세우며 처음 정한 수도야. 고구려의 장수왕이 남쪽으로 계속 내려오는 바람에 웅진성(지금의 공주 지역)으로 수도를 옮겼어. 그전까지 약 500년간 수도였지.

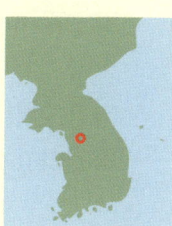

 이곳에 가면 석촌동 돌무지무덤, 풍납 토성, 몽촌 토성 등의 유적이 있어.

어제 퀴즈! 백제의 전성기를 이끈 왕으로, 박사 고흥에게 역사책을 쓰게 한 사람은?

10월 11일 조선

동학
(東 동녘 **동** 學 배울 **학**)

최제우가 만든 우리나라 민족 종교

조선 후기에 서학 다음으로 조선에 널리 퍼진 종교야. '사람이 곧 하늘'이라고 생각했어. 최제우라는 사람이 만들었어. 동학 역시 서민들에게 환영받으며 널리 퍼졌지. 동학이 평등한 세상, 좋은 세상을 만들어 줄 거라고 믿었거든. 우리나라의 전통을 지키는 종교를 만들겠다고 생각해서 이름을 '동학'이라고 지었대.

최제우의 뒤를 이은 동학의 제2대 교주는 최시형이야. 두 사람 모두 잡혀 가 처형을 당하고 말았지.

조선 시대 때 서양에서 들어온 평등을 이야기한 종교는?

3월 20일   백제

웅진성
(熊 곰 웅 津 나루 진 城 재 성)

백제의 두 번째 수도

지금의 충청남도 공주 지역이야. 금강 근처에 있지. 고구려 장수왕이 남쪽으로 내려오면서 개로왕이 전사(싸우다 죽음)했고 한강을 빼앗겼어. 그래서 백제의 22번째 왕인 문주왕(개로왕의 아들) 때 이곳으로 급히 도읍을 옮겼어.

 이곳에는 무령왕릉, 공산성의 유적이 있지.

 백제의 첫 번째 수도는?

10월 10일 | 조선

천주교
(天 하늘 **천** 主 주인 **주** 敎 가르칠 **교**)

서양에서 들어온 서학에서 비롯된 종교

실학자들은 서양 학문을 들여와서 공부했어. 그중 서양 종교인 천주교도 있었지. 처음에는 '천주실의'라는 책을 통해 서양의 학문으로 받아들였는데, 나중에는 '서학'이라고 불렸어. 이후 종교로 받아들이면서 '천주교'라고 불렀지. 평등을 이야기했기 때문에 주로 여성과 서민들이 믿었고, 조선은 이를 금지했어.

 조선 최초의 천주교 신자(종교를 믿는 사람)는 이승훈이고, 최초의 천주교 신부는 김대건이야.

 정약용이 만든, 무거운 물건을 들어 올리던 기계 이름은?

3월 21일

백제

사비성

(泗 물 이름 사 沘 물 이름 비 城 재 성)

백제의 세 번째 수도

지금의 부여 지역으로 금강 근처에 있어. 백제 성왕 때 옮겼지. 산으로 둘러싸여 있고 강이 흘러 수도로 알맞은 곳이야. 이곳에 가면 의자왕, 삼천 궁녀 이야기와 관련된 낙화암이 있어.

한 걸음 더! 이곳에는 부소산성, 궁남지, 능산리 고분 등이 있어.

어제 퀴즈! 백제의 두 번째 수도는?

10월 9일 한글날 　　　　　　　조선

거중기
(擧 들 거 重 무거울 중 器 그릇 기)

무거운 물건을 들어 올리던 기계

도르래의 원리를 이용해서 적은 힘으로 무거운 물건을 들어 올리던 기계야. 거중기를 쓰면 돌을 들어 올리는 힘을 8분의 1로 줄일 수 있었대. 1792년 수원 화성을 쌓을 때 이용되었지. 덕분에 수원 화성을 짓는 시간이 많이 줄어들었어.

탐방 정보 경기도 수원시 팔달구에 있는 수원 화성 박물관에 가면 거중기를 볼 수 있어. 수원 화성에 대해 알아보러 가면 어떨까?

어제 퀴즈! 조선 시대 실학자로 거중기를 만들었으나 천주교를 믿어 18년간 귀양 생활을 한 이 사람은?

3월 22일 | 백제

아차산성
(阿 언덕 아 且 또 차 山 메 산 城 재 성)

백제 개로왕이 목숨을 잃은 곳

아차산성은 서울 광진구 광장동에 있어. 백제가 하남 위례성을 수도로 정했을 때 고구려 침입을 막으려고 쌓은 성이야. 5세기 장수왕이 백제에 쳐들어왔을 때 개로왕이 싸우다 잡혔고 이곳으로 끌려와 목숨을 잃었다고 해.

한 걸음 더! '산성'은 '산 위에 쌓은 성'을 말해. 역사적으로 유명한 산성으로는 고구려의 안시성, 환도성, 신라의 삼년산성, 백제의 북한산성이 있어.

어제 퀴즈! 성왕 때 옮긴 백제의 세 번째 수도는?

10월
8일

조선

정약용

조선 시대 실학자
(1762년~1836년)

조선 시대 대표적인 실학자야. 정조와 많은 정치 제도를 개혁하고 과학과 학문을 발전시켰어. 무거운 돌을 들어 올리는 거중기를 만들어 빠르게 수원 화성을 지을 수 있었어. 정조가 세상을 떠난 후 실학과 천주교를 금지하는 바람에 18년 동안 전라도 강진으로 귀양을 갔어. 그곳에서 많은 책을 쓰며 실학을 정리했지.

탐방 정보

전라남도 강진군 도암면에는 정약용의 유배지인 다산 초당이 있어. 또한 정약용이 태어난 경기도 남양주시 조안면에는 정약용 유적지와 실학 박물관이 있어.

어제 퀴즈!

실제로 쓰여진 학문이란 뜻으로 조선 시대 성리학에 대한 반성으로 조선 후기 많은 사람이 받아들인 이 학문은?

3월 23일

백제

아직기, 왕인

일본에 백제 문화를 전한 두 사람

두 사람은 백제의 학자야. 근초고왕의 명령에 따라 일본에 가서 백제의 학문과 문화를 알렸어. 아직기는 유학을, 왕인은 논어와 천자문을 전해 주었어. 덕분에 일본의 문화가 크게 발전했지.

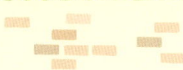

한 걸음 더! 우리나라 역사에는 두 사람에 대한 기록이 없어. 일본의 역사책인 《일본서기》에 일본으로 건너와 백제 문화를 전해 주었다고 기록되어 있어.

어제 퀴즈! 백제 개로왕이 고구려 군에게 목숨을 잃은 산성 이름은?

10월 7일 조선

실학
(實 열매 실 學 학문 학)

실제로 쓰여지는 학문

조선 17세기~18세기에 발달했던 학문이야. 왜란과 호란이 끝나고 힘들게 사는 백성들이 많아지자 몇몇 학자들은 백성을 위한 쓸모 있는 학문을 연구하기 시작했어. 조선의 기초가 되었던 성리학은 실제 삶에 도움이 되기 어렵다는 사실을 알게 된 것이지.

실학의 필요성을 주장하고 연구한 사람들을 실학자라고 해. 정약용, 박지원, 이익, 홍대용, 이덕무 등이 있어.

어제 퀴즈! 조선의 22번째 임금으로 붕당끼리의 싸움을 없애기 위해 노력하고 수원 화성을 짓도록 한 임금은?

3월 24일

백제

칠지도
(七 일곱 **칠** 支 지탱할 **지** 刀 칼 **도**)

일본에 있는 백제의 철제 칼

백제의 왕세자가 일본 왕에게 준 칼이야. 길이는 75cm 정도고, 칼날이 7개라서 '칠지도'라고 불러. 당시 백제와 일본이 서로 교류했음을 알 수 있지. 칠지도는 앞면에 34자, 뒷면에 27자가 새겨져 있고 그 속에 금을 박아 넣어 만들어졌어. 백제의 우수한 금속 기술을 알 수 있지. 현재 일본의 국보로 지정되어 있어.

일본은 백제 왕세자가 일본 왕에게 칠지도를 바친 것이라고 주장하지만 칠지도에 새겨진 내용으로 보면 하사(윗사람이 아랫사람에게 물건을 주는 것)했다는 것을 알 수 있어.

백제의 학자로 일본에 백제 문화를 전한 두 사람은?

10월 6일 — 조선

정조

조선의 22번째 임금
(1752년~1800년)

정조는 1776년~1800년까지 조선을 다스린 22번째 임금이었어. 임금이 된 후 붕당끼리의 싸움을 없애기 위해 노력했어. 정조는 학문 연구를 위해 도서관이자 연구 기관인 규장각을 만들었고 여기에서 일할 실력 있는 사람을 뽑았지.

한 걸음 더! 정조의 지시로 정약용이 설계해서 만든 수원 화성은 유네스코 세계 문화유산이야.

어제 퀴즈! 조선 시대 능력 있는 신하를 골고루 뽑기 위해 실시한 이 정책 이름은?

3월 25일 | 백제

계백

황산벌 전투에서 신라와 싸운 백제의 장군
(?~660년)

백제의 장군이야. 신라와 당나라가 힘을 합쳐 백제를 공격했을 때, 5천 명의 군사를 이끌고 5만여 명의 신라 군사에 맞서 싸웠어. 싸움에 나가기 전 자신의 아내와 아이를 죽인 것으로도 유명하지. 이 전투를 황산벌 전투라고 해.

한 걸음 더! 계백 장군은 만약 전쟁에서 지면 아내와 아들이 포로로 잡혀 노예가 되어 사는 것보다 죽는 것이 낫다고 생각하여 죽였어. 이런 계백의 판단에 대해 어떻게 생각해?

어제 퀴즈! 일본에 있는 백제의 철제 칼은? 날이 7개야.

10월
5일

조선

탕평책

(蕩 방탕할 **탕** 平 평평할 **평** 策 꾀 **책**)

신하를 골고루 뽑는 제도

조선의 신하들이 편을 갈라 싸우자 조선 제21대 왕인 영조는 신하들이 어떤 당인지 상관없이 능력 있는 사람을 뽑아 싸움을 줄이기 위해 노력했어. 이것이 '탕평책'이야. 여러 색깔이 섞여 조화로운 탕평채라는 음식이 여기에서 비롯된 거지. 영조의 다음 왕인 정조도 이를 이어받았어.

탐방 정보: 영조는 자신의 뜻이 강하다는 것을 알리기 위해 성균관(조선 최고 교육 기관)에 탕평비를 세우기도 했어. 현재는 성균관 대학교에 보관되어 있어.

어제 퀴즈! 조선 중기 이후 양반들이 당을 나누어 싸우던 정치를 뭐라고 해?

3월 26일

백제

개로왕

백제의 21번째 왕
(?~475년)

455년부터 475년까지 왕의 자리에 있었어. 고구려의 승려 도림에게 속아 나라를 어렵게 만들었어. 고구려 장수왕이 침입했을 때 수도 한성을 함락당하고 영토도 빼앗겼어. 목숨도 빼앗기고 말았지.

탐방정보

서울 광장동과 구의동에 걸쳐 아차산성이 있어. 백제가 고구려의 공격을 막으려고 쌓은 성인데, 여기에서 개로왕이 죽임을 당했다고 해.

어제 퀴즈! 백제의 장군으로 신라, 당나라가 공격했을 때 가족을 죽이고 황산벌로 나가 싸운 것으로 유명한 사람은?

10월 4일 | 조선

붕당 정치
(朋 벗 **붕** 黨 무리 **당** 政 정사 **정** 治 다스릴 **치**)

조선 중기 이후 양반들이 당을 나누어 싸우던 정치

양반들이 서로 편을 갈라 싸우듯이 한 정치를 말해. '붕'은 같은 스승 아래에서 공부한 사람들이라는 뜻이고, '당'은 서로 이익이 되는 사람들이라는 뜻이야. 붕당들간의 싸움을 '당쟁'이라고도 해.

활용 문장
- 조선 시대에 **붕당 정치**가 시작되어 당끼리 싸우는 일이 일어났다.
- **붕당 정치**를 통해 서로 의견을 주고 받으며 정치가 발전하기도 했다.

어제 퀴즈! 조선 시대에 있었던 이름이 적히지 않은 양반 임명장을 뭐라고 해?

3월 27일 — 백제

무령왕

백제의 25번째 왕
(462년~523년)

무령왕은 501년부터 523년까지 왕의 자리에 있었어. 백제가 한강 유역을 고구려에게 빼앗기고 귀족들은 반란을 일으켜 매우 힘들었던 때, 백제를 안정적으로 다스린 것으로 알려져 있지.

활용 문장
- **무령왕**은 혼란스러운 백제를 다시 일으킨 왕이다.
- 충청남도 공주에 가면 **무령왕**의 무덤이 있다.

어제 퀴즈! 고구려 장수왕이 백제를 침입했을 때 아차산성에서 목숨을 잃은 왕은?

10월 3일 — 개천절 — 조선

공명첩
(空 빌 공 名 이름 명 帖 문서 첩)

이름을 적지 않은 양반 임명장

'공명'은 받는 사람의 이름을 쓰지 않았다는 의미야. 부족한 나라 살림을 보충하기 위해 부유층에게 돈이나 곡식을 받고 벼슬을 살 수 있도록 했어. 그 벼슬을 살 수 있는, 이름이 적히지 않은 임명장이 '공명첩'이야. 그래서 조선 후기의 신분 제도는 흔들리게 되었지.

활용 문장
- 조선 시대 **공명첩**의 등장으로 신분 제도가 크게 흔들렸다.
- 이름이 적히지 않은 **공명첩**은 돈으로 살 수 있었다.

어제 퀴즈! 조선 시대 서민들이 즐긴 문화를 뭐라고 불러?

3월 28일

백제

무령왕릉

(武 굳셀 무 寧 편안할 녕(령) 王 임금 왕 陵 큰 언덕 릉)

무령왕과 왕비의 무덤

벽돌을 쌓아서 만든 무덤이야. 무령왕과 왕비의 무덤이지. 삼국 시대 무덤 중에서는 주인을 알 수 있는 유일한 무덤이야. 무덤에서는 금제 관식, 귀걸이, 목걸이, 팔찌 등 108종이나 되는 유물이 쏟아져 나왔어.

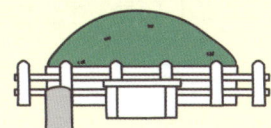

무령왕릉은 충청남도 공주시 금성동 산 5-1번지에 있어. 가족과 함께 가서 그때의 숨결을 느껴 보면 어떨까?

어제 퀴즈! 한강 유역을 고구려에게 빼앗겨 혼란스럽던 백제를 안정적으로 다스렸던 왕은?

10월 2일 | 조선

서민 문화
(庶 여러 서 民 백성 민 文 글월 문 化 될 화)

서민들이 즐긴 문화

조선 후기 상업이 발달하면서 장사 등의 활동으로 돈을 벌기 시작한 서민들이 나타났어. 이들이 문화와 예술에 관심을 가지면서 판소리, 탈춤, 민화, 한글 소설 등이 발달하게 되었어. 이를 '서민 문화'라고 해.

한글 소설은 대표적으로 〈춘향전〉, 〈심청전〉, 〈장화홍련전〉, 〈흥부전〉 등이 있어. 최초의 한글 소설은 허균이 지은 〈홍길동전〉이야.

어제 퀴즈! 인조 때 만들어진 조선 시대의 화폐는?

3월
29일

백제

미륵사
(彌 두루 미 勒 굴레 륵 寺 절 사)

전라북도 익산시에 절터와 석탑이 남아 있는 백제의 절

백제 제30대 왕인 무왕 때 만든 절이야. 지금은 절터와 석탑만 남아 있어. 절터에 있는 미륵사지 석탑은 1962년 국보로 지정되었는데, 현재 우리나라에 남아 있는 석탑 중 가장 크고 오래되었어.

미륵사지 석탑은 많이 훼손되어 일제 때 시멘트로 수리를 한 이후 긴 시간 복원(원래대로 되돌리는 것) 공사를 했어. 복원하는 과정에서 유물이 많이 발견되었지.

어제 퀴즈! 무령왕과 왕비의 무덤을 뭐라고 불러?

10월 1일 — 조선

상평통보

(常 항상 상 平 평평할 평 通 통할 통 寶 보배 보)

조선 시대 화폐

인조 때 만들어진 조선 시대의 화폐야. 엽전은 놋쇠로 만든 돈인데, 동그랗고 납작하며 가운데 구멍이 있어. 상평통보는 처음에는 잘 쓰이지 않다가 왜란과 호란을 겪은 이후 상업과 수공업이 발달하면서 널리 사용되기 시작했어.

탐방 정보: 서울 중구에 있는 한국은행 화폐 박물관에 가면 상평통보는 물론 과거의 여러 화폐를 볼 수 있어. 직접 가서 보면 신기하고 재미있을 거야.

어제 퀴즈! 한 나라가 힘으로 다른 나라를 지배하는 것을 뭐라고 하지? 일제 시대라고 할 때 '제'자는 이 말의 줄임말이야.

3월 30일

백제

금동 대향로

(金 쇠 금 銅 구리 동 大 큰 대 香 향기 향 爐 화로 로)

뛰어난 예술 수준을 보여 주는 백제의 대표적인 향로

향로는 향을 피우는 도구야. 높이가 61.8㎝로 받침과 뚜껑으로 이루어져 있어. 지금은 국립 부여 박물관에 있어. 1996년에 우리나라 국보로 지정되었지. 불교를 상징하는 연꽃, 용, 봉황 등의 동물과 신선이 조각되어 있어. 백제인들의 뛰어난 공예 기술을 알 수 있는 훌륭한 문화재지.

활용 문장
- **금동 대향로**는 부여 능산리 절터를 발굴하다 발견되었다.
- **금동 대향로**의 예술성은 많은 사람을 놀라게 했다.

어제 퀴즈! 전라북도 익산시에 절터와 석탑이 남아 있는, 백제 무왕 때 만든 절 이름은?

10월

조선 후기

조선 후기는 정말 굵직한 사건들이 많아요.
문화적으로 많이 발전하기도 했지만
나라 안에서 나라를 다스리는 사람들끼리 다툼도 많았어요.
다른 나라의 공격도 받았고요.

조선 말에는 일본이 우리나라를 넘보며 일어난 사건들도 있어요.
용어를 하나씩 찬찬히 살펴보면 이런 큰 흐름이 보일 거예요.

3월 31일

백제

서산 마애 삼존 불상
(瑞 상서 **서** 山 메 **산** 磨 갈 **마** 崖 벼랑 **애** 三 석 **삼** 尊 높을 **존** 佛 부처 **불** 像 모양 **상**)

서산의 한 암벽에 조각되어 있는 백제의 대표적인 불상 중 하나

충청남도 서산시 용현리에 있는 백제의 불상이야. 1962년에 우리나라 국보로 지정되었어. 2010년 8월 25일 '서산 용현리 마애여래삼존상'으로 이름이 바뀌었어. '백제의 미소'라고도 불리는데, 햇빛에 따라 불상의 표정이 다르게 보인대. 햇빛이 비추면 환하게 웃는 모습, 아닐 땐 약간 점잖은 모습이래.

한 걸음 더!

부처의 상을 불상이라고 해. 삼존불은 가운데에는 부처, 양옆에는 두 보살이 나란히 있는 불상을 뜻하고, 마애불은 바위나 절벽에 직접 조각한 불상을 말해. 그리고 서산은 이 불상이 있는 지역 이름이야. 이렇게 보니, 긴 불상 이름이 더 잘 보이지?

어제 퀴즈! 뛰어난 예술 수준을 보여 주는 백제의 대표적인 향로는?

9월 **30**일

역사 기초 용어

제국주의
(帝 임금 제 國 나라 국 主 주인 주 義 옳을 의)

한 나라가 힘으로 다른 나라를 지배하는 것

군대의 힘이 강하고 경제적으로도 힘이 세서 다른 나라나 민족의 영토를 빼앗고 지배하는 것을 말해. 일본이 우리나라를 빼앗아 강제로 차지했었지. 그것을 일본 제국주의라고 하는데 줄여서 '일제'라고 하는 거야.

활용 문장
- 일본 **제국주의** 침략에 반대하는 이들이 있었다.
- **제국주의** 열강(여러 강한 나라)은 힘으로 다른 나라를 침략했다.

어제 퀴즈! 빼앗긴 나라를 뭐라고 하지?
우리나라도 일본에 빼앗겨 이 상태가 35년간 이어졌어.

4월
신라 · 통일 신라

3월에 고구려와 백제를 알아보았다면
4월은 신라입니다.

신라는 고구려, 백제와 비슷한 시기에 생겼어요.
그러다 두 나라를 공격해 이겨 통일했지요.
그 이후로는 통일 신라라고 해요.

4월 용어를 잘 익히면
신라와 통일 신라에 있었던 일,
왕들, 그리고 화려한 문화재를 알 수 있어요.
3월 고구려, 백제와 연결되어
삼국 시대 큰 그림도 그릴 수 있을 거예요.

9월 29일

역사 기초 용어

식민지
(植 심을 **식** 民 백성 **민** 地 땅 **지**)

빼앗긴 나라

나라의 주인으로서 권리를 잃고 다른 나라에 빼앗긴 나라를 말해. 우리나라도 1910년부터 1945년까지 일본의 식민지였어. 오래전 서양은 동양의 여러 나라를 식민지로 만들려고 했어.

탐방 정보

서울 용산구에 가면 식민지 역사 박물관이 있어. 일제 강점기 때 우리가 겪은 일을 생각하면서 나라의 소중함을 되새겨보면 어떨까?

어제 퀴즈! 나라에 소속된 군인을 뭐라고 하지?

4월 1일 | 신라

신라
(新 새로울 신 羅 그물 라)

삼국 가운데 박혁거세가 세운 나라
(기원전 57년~기원후 935년)

박혁거세가 세운 나라로 992년 동안 이어졌어. 신라의 첫 이름은 서라벌(사로국)이었어. 503년 지증왕 때 신라로 이름을 정한 거야. 기원전 57년에 세워져 676년에 고구려와 백제를 합쳐 삼국 통일을 이룬 후 935년까지 이어졌지.

 **한 걸음 더!** 신라 사람들은 금으로 된 장신구를 많이 사용했어. 금관, 금 귀걸이 등 매우 화려해. 그래서 신라를 '황금의 나라'라고도 불러.

 어제 퀴즈! 백제를 대표하는 불상 중 하나로 충청남도 서산의 암벽에 있는 이 불상은?

9월 28일

역사 기초 용어

관군
(官 벼슬 관 軍 군사 군)

나라에 소속된 군인

고려, 조선 시대 때 국가에 소속되어서 훈련 받는 정식 군인, 군대를 말해. '관병'이라고도 하지. 전쟁이 나면 무기를 들고 나가 싸웠어. 반대로 일반 백성들이 모여 만든 군대는 '민군'이라고 해.

한 걸음 더! 관군과 의병에 이어 스님들로 구성된 의병을 '승병'이라고 해.

어제 퀴즈! 외적이 침입해서 나라가 위태로울 때 스스로 나가 싸우는 의로운 병사를 뭐라고 하지?

4월 2일 | 신라

박혁거세

신라를 세운 왕
(기원전 69년~기원후 4년)

알에서 태어나 기원전 57년에 신라를 세웠어. '박혁거세'는 세상을 밝게 한다는 뜻이야. 왕이 된 후 백성들이 풍족하게 살도록 노력했고, 61년간 나라를 다스리다 73세에 세상을 떠났어.

한 걸음 더! 어느 날 우물가에 닭 머리 용이 나타나 왼쪽 겨드랑이에서 여자아이를 낳았어. 태어난 우물의 이름을 따서 '알영'이라고 불렀는데, 바로 박혁거세와 결혼해 왕후가 된 인물이야.

어제 퀴즈! 삼국 중 하나로 박혁거세가 세운 나라는?

9월 27일

역사 기초 용어

의병
(義 옳을 의 兵 군사 병)

외적이 침입해서 위태로운 때 스스로 나가 싸우는 의로운 병사

나라에 큰일이 벌어졌을 때 스스로 나가서 싸운 사람들을 말해. 그래서 '의로운 병사'라고 하지. 임진왜란 때 많은 사람이 의병이 되어 싸웠어. 진주 지역의 곽재우나 금강산에서 싸운 사명 대사 유정 같은 사람들이지.

탐방 정보
6월은 나라를 위해 힘쓴 분들을 기억하는 호국 보훈의 달이야. 그중에서도 6월 1일은 의병을 기억하는 의병의 날이지. 그날이 되면 전국 각지에서 여러 행사를 해. 경상남도 의령에는 의병 박물관도 있어.

어제 퀴즈! 예전에 죄인을 멀리 보냈던 일을 뭐라고 하지?

4월 3일 — 4·3 희생자 기념일

신라

경주
(慶 경사 **경** 州 고을 **주**)

신라의 수도

신라의 도읍지, 즉 수도야. 신라는 수도를 한 번도 옮기지 않았어. 그래서 경주에는 신라의 문화와 역사가 잘 간직되어 있지. 경주에는 '경주 역사 유적 지구'라는 곳이 있어. 경주에 있는 신라 유적과 유물들을 말해. 2000년에 세계 문화유산으로 지정되었어.

탐방 정보

경주 역사 유적 지구는 성격에 따라 남산 지구, 대릉원 지구, 월성 지구, 황룡사 지구, 산성 지구 이렇게 5곳으로 나뉘어 있어. 신라를 고스란히 느낄 수 있는 이곳으로 떠나 보면 어떨까?

어제 퀴즈!   신라를 세운 왕은?

9월 26일

역사 기초 용어

유배
(流 흐를 류(유) 配 짝 배)

죄인을 멀리 보내는 일

죄를 지은 사람을 멀리 보내서 아무도 못 만나게 홀로 생활하게 하는 것을 말해. 죄가 클수록 더 멀리 보냈어. 유배 간 곳은 '유배지'라고 해. 유배는 '귀양'이라고도 불러. 귀양 가서 사는 것을 '귀양살이'라고 하지.

한 걸음 더! 역사 인물 중에서는 단종, 연산군, 광해군, 정약용, 허균 등이 유배 생활을 했어. 《우리 조상의 유배 이야기》(이소정 글, 리잼 펴냄)라는 책에 유배에 대해 잘 나와 있어.

어제 퀴즈! 전쟁 등의 재난을 피해 멀리 옮겨 가는 것을 뭐라고 하지?

4월
4일

신라

법흥왕

신라의 23번째 왕

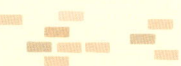

'법흥왕'은 신라 남쪽 낙동강을 포함해서 그 아래 가야까지 힘을 넓힌 왕이야. 법흥왕의 '법'자는 불교의 '불법'을 뜻하기도 해. 율령을 널리 알리고 불교도 받아들인 왕이지. 귀족과도 잘 지내려고 노력하며 왕의 힘을 강하게 했어.

한 걸음 더!

율령은 나라를 다스리는 법과 제도를 말해.
왕은 율령을 널리 알려서 백성을 잘 다스리려고 했어.

어제 퀴즈! 신라의 수도는?

9월 25일

역사 기초 용어

피난
(避 피할 **피** 難 어려울 **난**)

재난을 피해 멀리 옮겨 감

나라에 전쟁이 나거나 지진, 환경 문제 등으로 인해서 멀리 옮겨 가는 것을 '피난'이라고 해. 중요한 짐만 싸서 길을 떠났어. 우리나라는 1950년 일어난 한국 전쟁 때 피난을 간 사람이 많았어. 피난 가는 사람들을 '피난민'이라고 해.

활용 문장
- 전쟁이 나자 마을 사람들은 서둘러 **피난**길에 올랐다.
- **피난**을 가는 사람들 모습이 무척 지쳐 보였다.

어제 퀴즈! 상대방을 힘으로 치는 것을 뭐라고 하지? '정복'이라는 비슷한 말이 있어.

4월 5일 **식목일** 신라

이차돈

불교를 받아들이게 하려고 목숨을 내놓은 신라 법흥왕 때 승려
(506년~527년)

이차돈은 신라가 불교를 받아들이게 하려고 자신의 목숨을 내놓았는데, 그의 목을 베는 순간 하얀 피가 솟아났다고 전해져. 이렇게 모든 어려움을 이기고 신앙을 위해 목숨을 바치는 일을 '순교'라고 해. 이차돈은 우리나라에서 처음으로 순교자로 기록된 사람이야.

탐방 정보

그의 공을 기억하기 위해 817년에 경상북도 경주시 백률사에 비석을 세웠어. '이차돈 순교비'라고 해. 지금은 국립 경주 박물관에 있어.

어제 퀴즈! 신라의 23번째 왕으로 불교를 받아들인 왕은?

9월 24일

역사 기초 용어

정벌
(征 칠 정 伐 칠 벌)

상대를 힘으로 치는 것

적군이나 상대 나라 등을 힘으로 쳐서 이기는 것을 말해. 정복, 토벌이라고도 하지. 정복을 위한 전쟁은 정복 전쟁이라고 해. '북쪽을 정벌하라!' 처럼 쓰여. 대마도 정벌, 요동 정벌 등이 있었어.

활용 문장
- 조선 이종무는 왜구들이 있는 대마도(쓰시마섬)를 **정벌**했다.
- 적의 나라를 **정벌**하라!

어제 퀴즈! 왕이나 나라에 반대하여 난리를 일으키는 것을 뭐라고 하지?

4월
6일

신라

진흥왕

신라의 24번째 왕
(534년~576년)

신라를 크게 발전시킨 왕이야. 땅을 가장 많이 넓혔고, 백제와 함께 고구려가 차지했던 한강 근처를 빼앗었어. 이후 백제 성왕을 죽이고 한강 근처를 빼앗았어. 대가야도 차지하면서 낙동강 지역을 차지했지. 나중에 삼국 통일에 이바지한 신라 청소년 단체인 화랑도를 새롭게 바꿔 삼국 통일을 하는 데 큰 역할을 하게 했어.

한 걸음 더! 경상북도 경주시 서악동에는 진흥왕의 무덤이 있어. 그의 큰 업적과 다르게 무덤은 다소 작고 기록과 위치가 달라. 서악동 무덤 중 위에서 두 번째 무덤이 진흥왕 무덤이라는 주장도 있어.

어제 퀴즈! 신라 법흥왕 때 승려로 불교를 받아들이게 하려고 스스로 목숨을 내놓은 사람은?

9월 23일 · 역사 기초 용어

반란
(叛 배반할 반 亂 어지러울 난(란))

왕이나 나라에 반대하여 난리를 일으킴

왕이나 나라, 지도자의 뜻에 반대해서 난리를 일으키는 것을 말해. 비슷한 말로는 '역란'도 있어. 임금이나 나라를 배신할 계획을 짜거나 그 계획을 뜻하는 '역모'도 연결해서 생각해 볼 수 있는 말이야.

활용 문장
- **반란**을 일으킨 자들을 잡아들여야 한다.
- 군사들이 **반란**을 일으켜 난리가 났다.

어제 퀴즈! 법에 어긋난 방법이나 수단을 활용해 나라나 제도를 바꾸기 위해 움직이는 반란이나 혁명을 뭐라고 하지?

4월 7일 | 신라

진흥왕 순수비
(眞 참 **진** 興 일어날 **흥** 王 임금 **왕** 巡 돌 **순** 狩 사냥 **수** 碑 비석 **비**)

진흥왕의 업적을 기리기 위해 세운 비석

진흥왕의 활발한 정복 활동을 기념하기 위해 세운 비석이야. 창녕·북한산·황초령·마운령에 세워졌어. 보통 일반적으로 창녕비, 북한산비, 황초령비, 마운령비라고 불러. 이 비석을 통해 6세기 신라 전성기 때의 영토를 알 수 있어.

 **한 걸음 더!**
임금이 나라 안을 두루 살피며 돌아다니던 일을 '순수'라고 해. 그곳을 기념하기 위해 세운 비석은 '순수비'라고 하지. 진흥왕이 땅을 넓힌 후 국경을 돌아보고 세웠기에 순수비라고 한다는 것 이해되지?

어제 퀴즈! 신라의 전성기 왕으로 화랑도를 새롭게 만든 사람은?

9월 22일

역사 기초 용어

정변
(政 정사 정 變 변할 변)

반란이나 혁명

법에 어긋난 방법이나 수단으로 나라나 제도를 바꾸기 위해 움직이는 것을 말해. 우리 역사에서는 무신 정변, 갑신 정변, 5·16 군사 정변 등이 있었어. 정변이 일어나면 나라가 혼란스러워지곤 하지.

활용 문장
- 항상 차별받던 무신들이 **정변**을 일으켰다.
- **정변**이 계속 일어나자 나라가 혼란스러웠다.

어제 퀴즈! 나라의 기본적인 것이나 사회 모습, 경제와 관련된 제도 등을 아예 확 바꾸는 것을 뭐라고 하지?

4월 8일 | 신라

화랑도
(花 꽃 화 郎 사나이 랑 徒 무리 도)

신라의 청소년 수련 단체

신라 시대 청소년이 공부, 기술 등을 배울 수 있도록 만든 단체야. 진흥왕 때는 싸움을 위한 목적이 더 컸어. 나라에 큰 일이 일어났을 때 나가 싸웠지. 왕족인 진골, 귀족인 6두품~4두품, 평민도 있었어. 진골과 귀족은 화랑, 평민은 낭도라고 불렀어. 김유신, 김춘추, 관창 등도 화랑 출신이야.

한 걸음 더! 화랑이 지켜야 할 다섯 가지 계율이 있었어. '임금에게 충성하기, 어버이께 효도하기, 벗은 믿음으로 사귀며, 전쟁에 나가서 물러서지 않기, 산 것은 함부로 죽이지 않기'가 그 계율이야.

어제 퀴즈! 진흥왕의 업적을 기리기 위해 세운 비석은?

9월 21일

역사 기초 용어

혁명
(革 가죽 **혁** 命 목숨 **명**)

기본을 새롭게 급격히 바꿈

나라의 기본적인 것이나 사회 모습, 경제와 관련된 제도 등을 확 바꾸는 일이야. 선사 시대 때 농사를 짓기 시작하면서 사람들의 생활에 큰 변화가 일어난 것을 '농업 혁명(또는 신석기 혁명)'이라고 했어.

활용 문장

- 4·19 **혁명**은 이승만의 독재에 저항하여 일어난 운동이다.
- 신석기 시대에는 농업 **혁명**이 일어났다.

어제 퀴즈! 나라의 어떤 제도나 방식 등을 새롭게 바꾸는 것을 뭐라고 하지?

4월 9일 — 신라

골품 제도
(骨 뼈 **골** 品 물건 **품** 制 억제할 **제** 度 법도 **도**)

신라 시대의 신분 제도

신라 시대는 지배층의 신분을 나누는 제도가 있었어. 왕족은 성골과 진골로 나뉘었고, 귀족은 6두품, 5두품, 4두품으로 나누었어. 이들은 나랏일을 할 수도 있었어.

신분 제도는 집안, 재산, 힘 등 어떤 기준으로 사람을 등급으로 나누는 제도를 말해. 신분에 따라 받는 대우와 사는 모습 등이 달랐지. 신라의 골품 제도를 비롯해 조선도 엄격한 신분 사회였어. 이렇게 사람을 나누는 신분 제도에 대해 어떻게 생각하니?

 어제 퀴즈! 신라 시대의 청소년 수련 단체 이름은?

9월 20일 / 역사 기초 용어

개혁
(改 고칠 개 革 가죽 혁)

새롭게 고침

나라의 어떤 제도나 방식 등을 새롭게 바꾸는 것을 '개혁'이라고 해. 이전의 방식이 좋지 못하거나 단점이 있다고 생각해서 개혁하려는 거지. 나라를 새롭게 바꾸기 위한 일들은 개혁 정치라고 해.

활용 문장
- 신분 제도로 인해 차별을 받은 이들이 **개혁**하려는 움직임을 보였다.
- 더 나은 미래를 위해 **개혁**을 해야 한다.

어제 퀴즈! 원래 수도로 다시 돌아오는 것을 뭐라고 하지?

4월 10일

신라

선덕 여왕

신라의 27번째 왕
(?~647년)

아버지 진평왕이 아들 없이 세상을 떠나자, 화백 회의를 통해 왕이 된 인물이야. 632년부터 647년까지 왕의 자리에 있었지. 왕으로 있는 동안 고구려, 백제가 신라를 자주 쳐들어왔어. 신라는 당나라와 힘을 합쳐 나라를 지키려고 애썼지. 황룡사에 왕의 힘을 상징하는 9층 목탑을 세우기도 했어.

우리나라에는 3명의 여왕이 있어. 선덕 여왕(632년~647년), 진덕 여왕(647년~654년), 진성 여왕(887년~897년)인데 모두 신라 시대 왕이지? 신라는 골품 제도가 있어서 성골 중 남자가 없으면 여자가 왕이 되었기 때문에 여왕이 있었어.

 신라 시대에 있었던 신분 제도를 뭐라고 해?

9월 **19**일

역사 기초 용어

환도
(還 돌아올 환 都 도읍 도)

원래 수도로 돌아옴

'천도'가 수도를 옮기는 것이라면 '환도'는 원래 수도로 다시 돌아오는 것을 말해. 전쟁 등의 이유로 천도했다가 다시 돌아오는 경우가 있었어. 고려의 수도는 개경이었지만 몽골의 침략을 받고 1232년에 강화도로 천도했어. 이후 1270년에 개경으로 38년 만에 환도했지.

활용 문장
- 고려는 강화도에서 개경으로 **환도**했다.
- 원래 있던 수도로 다시 돌아오는 것을 **환도**라고 한다.

어제 퀴즈! 수도를 옮기는 것을 뭐라고 하지?

4월 11일 — 대한민국 임시정부 수립 기념일 — 신라

황룡사
(皇 임금 황 龍 용 룡 寺 절 사)

경상북도 경주시 구황동에 있었던 절

553년 진흥왕 때, 새 대궐을 짓는 중에 황룡이 나타났어. 그래서 대궐 대신에 절로 바꾸고 '황룡사'라고 이름 붙였지. 다 지은 후에는 선덕 여왕 때 9층 목탑도 세워 두었어. 그러나 1238년에 몽골의 침입으로 불에 타 없어지고 지금은 터만 남아 있어.

 **한 걸음 더!** 황룡사 9층 목탑의 9층은 주변 9개의 나라를 의미하는데, 그들의 침입을 부처님의 힘으로 막는다는 것을 뜻해.

어제 퀴즈! 신라의 27번째 왕으로 진평왕의 딸인 이 사람은?

9월 18일

역사 기초 용어

천도
(遷 옮길 천 都 도읍 도)

수도를 옮김

나라의 중심인 수도를 옮기는 일을 '천도'라고 해. 수도를 옮기는 건 정말 큰 일이야. 주로 다른 나라의 침입을 받거나, 나라를 더 잘 다스리기 위해 옮겼어. 장수왕은 427년에 평양성으로 천도했어. 국내성을 중심으로 힘을 가졌던 고구려 귀족들의 힘을 약하게 했고, 경제적 힘을 키우기 위해서였어.

활용 문장
• 고구려 장수왕은 수도를 국내성에서 평양성으로 **천도**했다.

어제 퀴즈! 수도를 예전에 뭐라고 불렀지?

4월 12일 | 신라

첨성대
(瞻 볼 첨 星 별 성 臺 돈대 대)

신라의 천문대

신라 시대 선덕 여왕 때 만들었던 천문대(우주와 천체 등과 관련된 것을 보고 연구하기 위해 만든 시설이나 기관)야. 세계에서 가장 오래된 천문대로 건축 기술도 뛰어나. 높이는 9.51m야.

한 걸음 더! 예전부터 하늘의 움직임을 관찰했던 까닭은 무엇일까? 별의 움직임으로 나라의 운을 점치기도 했고, 하늘을 살펴 농사 짓는 데에 도움을 받았기 때문이야.

어제 퀴즈! 몽골 침입 때 불탄 신라 시대의 절이야.
황룡이 나타나 이름에도 황룡이 들어가는 절 이름은?

9월 17일

역사 기초 용어

도읍
(都 도읍 도 邑 고을 읍)

수도의 다른 말

예전에는 수도를 '도읍'이라고 불렀어. 한 나라의 으뜸이 되는 도시라는 뜻이야. 최초의 나라인 고조선의 도읍은 아사달이었지. 아사달은 전설적인 지명이야. '왕이 있는 대읍(주민과 산물이 많고 땅이 넓은 고을)'이라는 뜻으로 평양과 의미가 비슷해. 그 후 나라가 새로 바뀔 때마다 도읍도 달라졌어.

활용 문장
- 백제는 위례성, 웅진, 사비 순서로 **도읍**을 옮겼다.
- 한 나라의 으뜸이 되는 도시를 **도읍**이라고 한다.

어제 퀴즈! 나라의 중심부를 뭐라고 하지? 비슷한 말로 도읍이 있어.

4월 13일 | 신라

나당 연합군
(聯 잇닿을 **련(연)** 合 합할 **합** 軍 군사 **군**)

신라와 당나라를 합친 군대

신라의 '라' 글자와 당나라의 '당' 글자를 합쳐서 '나당' 연합군이라고 불러. 신라의 김춘추가 백제의 침략 때문에 고구려에게 도움을 요청했지만 거절당했어. 결국 신라는 당나라와 힘을 합치기로 했지. 이렇게 만들어진 나당 연합군은 백제와 고구려를 차례로 무너뜨렸어. 하지만 그 이후 신라는 당나라의 간섭을 받게 되었어.

활용 문장
- **나당 연합군**은 백제와 고구려를 공격해 무너뜨렸다.
- 신라와 당나라가 합친 군대를 **나당 연합군**이라고 한다.

어제 퀴즈! 선덕 여왕 때 만든 신라의 천문대는?

9월 16일

역사 기초 용어

수도
(首 머리 **수** 都 도읍 **도**)

나라의 중심부

나라의 중심이 되는 곳이 '수도'야. 우리나라의 수도는 서울이지. 조선의 수도도 서울이었는데 그때는 한양이라고 불렀어. 한 나라의 중심이기 때문에 수도에는 중요한 것들이 많이 모여 있어.

활용 문장

- 신라의 **수도**는 경주이다.
- **수도**는 다른 말로 도읍이라고도 한다.

어제 퀴즈!   전쟁 시 상대의 중요한 지역을 둘러싸는 것을 뭐라고 하지?

4월 14일   신라

김춘추

신라의 29번째 왕
(603년~661년)

김춘추는 백제를 멸망시키고 삼국 통일의 기초를 마련한 사람이야. 태종 무열왕으로 부르기도 해. 선덕 여왕의 조카이기도 하지. 김유신의 누이동생인 문희와 결혼해 김유신 장군과 함께 삼국 통일의 발판을 마련했어. 진골 출신 중 처음으로 왕이 되었고 당나라 군대와 힘을 합쳐 백제, 고구려를 순서대로 멸망시켰어.

경주 태종 무열왕의 능 앞에 비석이 있어. 태종 무열왕릉비라고 부르는데, 문무왕이 아버지의 업적을 기리기 위해 세웠어. 현재는 비석의 받침과 머릿돌만 남아 있어. 조각 기법이 훌륭하다고 해.

어제 퀴즈! 신라와 당나라가 합친 군대를 앞 글자만 따서 뭐라고 불러?

9월 15일 / 역사 기초 용어

포위
(包 쌀 포 圍 둘레 위)

주위를 에워싸는 것

주변을 에워싸는 것을 말해. 주로 전쟁 시에 상대의 중요한 곳을 둘러싸서 도망가지 못하도록 꼼짝 못하게 만들었어. '포위됐다, 포위하다.' '포위 작전을 펼치다.' 등으로 쓰여.

활용 문장
- 신라와 당나라 연합군은 사비성을 **포위**했다.
- **포위**를 당하면 어쩔 수 없이 항복하기도 한다.

어제 퀴즈! 남의 나라에 쳐들어가는 것을 뭐라고 하지? '침략'이라는 비슷한 말이 있어.

4월 15일 신라

김유신

삼국 통일을 이끈 신라의 장군
(595년~673년)

신라의 진골 신분으로 15살에 화랑이 되었어. 654년에 진덕 여왕이 죽고 왕위를 이어받을 사람이 없자, 김춘추가 왕이 될 수 있게 도와 주었어. 그리고 김춘추와 삼국 통일을 위해 싸웠지. 78세에 세상을 떠난 후 흥무 대왕이라는 이름을 얻기도 했어.

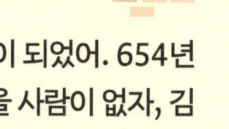

 한 걸음 더!
김유신은 금관가야를 세운 김수로왕의 12대손이야. 금관가야가 망하고 신라로 가서 진골이 되었지. 15살에는 화랑이 되어 삼국 통일을 위한 준비를 차근차근 다져 나갔어.

 어제 퀴즈!
선덕 여왕의 조카이기도 한 신라 왕으로
삼국 통일에 큰 공을 세운 이 왕은?

9월 14일

역사 기초 용어

침입
(侵 침노할 **침** 入 들 **입**)

쳐들어가는 것

남의 땅이나 권리 등을 빼앗기 위해 쳐들어가는 것을 말해. '침략'이라고도 하지. 역사책에는 다른 나라를 차지하거나 원하는 것을 얻기 위해 침입했던 이야기가 많이 나와. 지금처럼 각 나라 땅이 자리 잡히기 전에는 서로 뺏고 빼앗기며 싸움을 했거든.

활용 문장
- 우리나라는 몽골, 거란, 일본 등에 의해 **침입**당한 역사가 많다.
- 적의 **침입**을 막기 위해 나라 힘을 키워야 한다.

어제 퀴즈! 조선 시대 양반과 상민의 중간에 있던 신분으로 의관, 역관 등이 여기에 속해. 무엇이지?

4월 16일 | 신라

황산벌 전투
(黃 누를 황 山 메 산 伐 칠 벌 戰 싸움 전 鬪 싸울 투)

삼국 통일의 기반이 된 백제와 신라 사이의 전투
(660년)

660년 음력 7월 9일~10일, 황산벌에서 백제와 신라가 벌인 전투야. 백제는 5천 명의 군사, 신라는 5만 명의 군사로 싸웠지. 싸우던 중 신라의 화랑 관창이 백제에 잡혀 있기도 했어. 백제의 장군 계백은 가족까지 죽이고 나와 싸웠지만, 신라는 온 힘을 다해 맞서 싸워 결국 승리했어.

활용 문장
- 신라는 **황산벌 전투**로 삼국 통일의 기반을 마련했다.
- 백제는 **황산벌 전투**로 멸망의 길로 가게 되었다.

어제 퀴즈! 삼국 통일을 이끈 신라의 장군으로, 흥무 대왕이라는 이름을 얻은 이 사람은?

9월 13일

역사 기초 용어

중인
(中 가운데 중 人 사람 인)

조선 시대 양반과 상민의 중간에 있던 신분

조선 시대의 신분은 양반, 중인, 상민(또는 평민), 천민으로 나누어져 있었어. 중인은 양반 바로 아래 신분이야. 상민보다 높은 신분이지만 양반들에게는 대우받지 못하고 양반으로 올라갈 수 없었어. 주로 의관(의료에 관한 일을 하는 관리)이나 역관(통역에 관한 일을 하는 관리) 등이 중인에 속해.

활용 문장
- 조선 시대 **중인**은 신분과 직업을 자식에게 물려주었다.
- **중인**은 양반 바로 아래 신분이다.

어제 퀴즈! 조선 시대 신분 중 가장 높은 계급은?

4월 17일 신라

관창

신라의 화랑
(645년~660년)

신라 무열왕 때의 화랑이야. 신라가 황산벌에서 백제와 전투를 벌일 때 큰 공을 세우면 어떻겠냐는 아버지 김품일의 권유로 전투에 나섰어. 백제의 계백은 전투에서 잡은 관창을 나이가 어리다며 돌려보냈지. 하지만 관창은 다시 나섰고, 계백은 결국 관창을 죽였어.

'한국을 빛낸 100명의 위인들' 노래에 '황산벌의 계백, 맞서 싸운 관창'이라는 가사가 있어. 가사 그대로 관창은 맞서 싸웠어. 너라면 나이가 어리다며 돌려보냈을 때 관창처럼 다시 적군 속으로 들어갈 수 있었을까?

 어제 퀴즈! 황산벌에서 일어난 백제와 신라의 싸움은?

9월 12일

역사 기초 용어

양반
(兩 두 **양** 班 나눌 **반**)

조선의 신분 중 가장 높은 계급

양반은 조선 시대에 가장 높은 계급으로 문반과 무반을 합쳐서 부르는 말이야. 조선 시대 양반은 힘을 가지고 있었지만, 후기로 가면서 점점 힘을 잃고 이름만 가진 가난한 양반이 많아졌어. 심지어 양반 신분을 팔기도 했어. 이를 양반의 몰락이라고 해.

활용 문장
- 조선 시대 가장 높은 신분은 **양반**이었다.
- **양반**은 무반과 문반을 합쳐서 부르는 말이다.

어제 퀴즈! 집안이나 타고난 신분이 좋아서 높은 자리에 올라 여러 일을 했던 사람을 뭐라고 하지?

4월 18일

 신라

원효 대사

불교를 널리 알리는 데 힘쓴 신라의 승려
(617년~686년)

원효 대사는 648년에 황룡사 스님이 되었어. 661년에 의상이라는 승려와 함께 당나라로 공부하러 길을 나섰지. 하루는 동굴에서 자다가 잠결에 물을 마셨는데 아침에 보니 해골에 고인 물이었다고 해. 그 사건으로 모든 일은 마음먹기에 달렸다는 것을 깨닫고 당나라로 가던 길을 멈췄어.

 '나무아미타불 관세음보살'이라는 말 들어본 적 있어? 아미타 부처님과 관세음보살께 자신을 맡긴다는 뜻이야. 원효 대사는 이 염불을 외우면 누구나 극락(아무 걱정이 없는 곳)에 간다는 정토종을 만들어 많은 이들에게 불교를 믿게 했어.

 **신라의 화랑으로 어린 나이에 황산벌 전투 때 백제와 맞서 싸운 이 사람은?**

9월 11일

역사 기초 용어

귀족
(貴 귀할 귀 族 겨레 족)

가문이나 신분이 높은 계층이나 사람

집안이나 타고난 신분이 좋아서 높은 자리에서 힘을 가지고 여러 일을 했던 사람들을 '귀족'이라고 해. 고려 시대에는 문벌 귀족이 있었어. 삼국 시대에는 귀족들이 모여 중요한 일을 결정하는 귀족회의가 있었는데, 신라의 귀족회의를 화백회의라고 불렀어. 조선 시대에는 귀족이 없었고 양반이 지배층을 이루었지.

활용 문장
- 신라 **귀족**들은 나랏일을 위한 회의를 했었는데 이를 화백 회의라고 한다.
- 신라 **귀족**은 대부분 수도인 금성에 살았다.

어제 퀴즈! 사람을 사회적으로 나누어서 만든 위치나 등급을 뭐라고 하지?

4월 19일
4·19 혁명 기념일

신라

문무왕

신라의 30번째 왕
(626년~681년)

삼국 통일을 한 신라의 30번째 왕이야. 태종 무열왕(김춘추)과 문명 왕후의 첫째 아들이지. 660년에 당나라와 함께 백제를 멸망시키고, 668년에는 고구려를 멸망시켰어. 676년에는 당나라까지 몰아내고 삼국을 통일했어.

한 걸음 더! 문무왕은 죽은 후 용이 되어 나라를 지키겠다는 마음으로 자신의 무덤을 바닷가에 만들어 달라고 했어. 경주 양북면 앞바다에 그의 무덤인 문무 대왕릉이 있어.

어제 퀴즈! 불교를 널리 알리는 데 힘쓴 신라의 승려로, '해골 물'로 유명한 이 사람은?

9월 10일

역사 기초 용어

신분
(身 몸 신 分 나눌 분)

사람의 사회적 위치

사람의 사회적 위치나 등급을 말해. 이렇게 나눈 것을 '신분 제도'라고 해. 사람을 등급으로 나누면서 차별하기도 했어. 이를 '신분 차별'이라고 해. 지금은 국가에서 정한 법적 신분은 없어. 우리나라에서 신분제가 폐지된 건 1894년 갑오개혁 때야.

한 걸음 더! 우리나라는 청동기 시대에 전쟁이 시작되면서 신분 사회가 시작되었어. 고조선의 8조법을 보면 노비가 있었다는 것도 알 수 있지. 사람을 등급으로 나누는 것에 대해 어떻게 생각하니?

어제 퀴즈! 왕의 힘, 왕실의 힘을 뭐라고 하지?

4월 20일

신라

삼국 통일
(三 석 **삼** 國 나라 **국** 統 거느릴 **통** − 한 **일**)

고구려, 백제, 신라가 하나된 것
(676년)

신라의 문무왕이 고구려, 백제, 신라를 하나로 만들었어. 그런데 백제와 고구려를 멸망시키는 데 함께 한 당나라가 태도를 바꾸는 바람에 차지한 땅 가운데 일부를 빼앗기고 말았어. 그래서 결국 당나라와 잡은 손을 놓고, 싸워서 당을 몰아냈지. 이것이 나·당(신라와 당나라) 전쟁이야.

한 걸음 더! 삼국 통일은 당나라의 도움을 얻어 이루었다는 것과 고구려의 영토는 차지하지 못했다는 것이 아쉬운 점으로 이야기되고 있어. 너의 생각은 어때?

어제 퀴즈! 김춘추의 아들로 삼국 통일을 한 왕은?

9월 9일 | 역사 기초 용어

왕권
(王 임금 왕 權 권세 권)

왕이 가진 힘

임금이 가진 힘이나 권리를 말해. '왕권이 강화되었다, 약화되었다.' 등으로 표현해. 왕의 힘이 약하면 나라를 다스리기가 힘들었어. 그래서 많은 왕들이 왕권 강화를 위해 노력했지.

활용 문장
- 역사 속 왕들은 왕이 되면 **왕권** 강화를 위해 노력했다.
- 왕이 가진 힘을 **왕권**이라고 한다.

어제 퀴즈! 남쪽으로 영토나 세력을 넓히는 것을 뭐라고 하지?

4월 21일

통일 신라

9주 5소경

통일 신라 시대에 지방을 다스리기 위해 나눈 지방 행정 제도

삼국 통일 후 신라는 땅이 넓어져 지방을 다스리는 형태를 새롭게 바꾸었어. 전국을 9주로 나누고 5개의 작은 수도, 즉 5소경으로 나누었지. 수도 경주가 한쪽으로 치우쳐 있어서 더욱 효율적인 관리가 필요했기 때문이야.

한 걸음 더!

나라를 다스리려면 땅을 일정하게 나누어야 하는데 이것을 '행정 구역'이라고 해. 지금 대한민국도 도, 시, 구, 군으로 나누어 나라를 운영하고 있어. 너는 어느 '도'에 살고 있니?

어제 퀴즈! 고구려, 백제, 신라가 하나된 것을 뭐라고 할까?

9월 8일

역사 기초 용어

남하
(南 남녘 **남** 下 아래 **하**)

남쪽으로 내려가는 것

힘을 펼치거나 땅을 차지하기 위해 남쪽으로 나아가는 것을 말해. 이를 진행하면 남하 정책이야. 예시로 고구려 제20대 왕인 장수왕의 남하 정책이 있어. 장수왕은 남쪽에 위치한 백제, 신라 쪽으로 진출할 계획을 세웠지. 장수왕의 계획은 성공적이었고, 고구려 시기 최대의 땅을 확보한 왕으로 기록되었어.

 고구려 땅은 대부분 북쪽에 위치했기에 날씨가 추웠어. 그래서 농사 짓기가 어려워서 남쪽 땅을 차지하려고 했던 거야.

 북쪽으로 영토나 세력을 넓히는 것을 뭐라고 하지?

4월 22일 | 통일 신라

불국사
(佛 부처 불 國 나라 국 寺 절 사)

경주 토함산에 있는 신라의 대표적인 절

경상북도 경주시 토함산에 있는 신라의 대표적인 절이야. 경덕왕 751년에 지어졌는데, 신라의 불교 문화를 알 수 있는 절이야. 불국사 3층 석탑(석가탑), 다보탑 등 불교 유산이 많이 있어. 1995년 12월, 석굴암과 함께 유네스코 세계 유산으로 지정되었지.

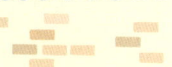

한 걸음 더!

《삼국유사》에 보면 김대성이 751년에 불국사를 짓기 시작했다고 나와. 전생의 부모를 위해서는 석굴암을, 현생의 부모를 위해서는 불국사를 지었어. 부모의 은혜에 보답하는 마음이었다고 해.

어제 퀴즈! 통일 신라 시대에 지방을 다스리기 위해 나눈 지방 행정 제도를 뭐라고 해?

9월 7일

역사 기초 용어

북진
(北 북녘 북 進 나아갈 진)

북쪽으로 나아가는 것

힘을 펼치거나 차지하기 위해 북쪽으로 나아가는 것을 말해. 이를 진행하면 북진 정책이야. 고려와 조선에서 북진 정책을 많이 펼쳤어. '고려'라는 나라 이름의 뜻이 '고구려의 옛 땅을 회복하다'인 것을 봐도 알 수 있듯이 북쪽 땅을 향한 관심이 많았어. 이전 고구려의 옛 땅이 우리 땅이라 생각해서 되찾기 위해서였지.

활용 문장
- 고려의 왕건은 옛 고구려 영토를 찾기 위한 **북진** 정책을 펼쳤다.
- 북쪽으로 힘을 넓혀가는 것을 **북진** 정책이라고 한다.

어제 퀴즈! 나랏일을 하는 사람, 관직에 있는 사람을 뭐라고 부르지?

4월 23일 | 통일 신라

석굴암
(石 돌 **석** 窟 움 **굴** 庵 암자 **암**)

경주 토함산에 있는 인공 석굴

경주 토함산에 있는 화강암 석굴이야. 안에는 석가여래 불상이 가운데 있고 벽에는 관음보살상 등 많은 불상이 새겨져 있어. 아치형으로 쌓아 올리고 가운데 큰 돌을 올린 돔형으로 된 천장에서 신라의 훌륭한 조각 기술을 알 수 있어. 우리나라 국보이자 1995년 12월에 불국사와 함께 유네스코 세계 유산으로 지정되었지.

한 걸음 더!

석굴암은 일제가 보수 공사를 하면서 습기가 차는 바람에 현재는 보호를 위해 유리 벽을 설치했어. 지금은 아쉽게도 유리 벽 너머로 관람해야 해. 다만 1년에 한 번 부처님 오신 날에는 열어 두고 있지!

어제 퀴즈! 경주 토함산에 있는 신라의 절로, 다보탑과 석가탑 등이 있는 이 곳은?

9월
6일

역사 기초 용어

관리

(官 벼슬 관 吏 벼슬아치 리)

나랏일을 하는 사람

나라의 일을 하는 사람, 관직에 있는 사람을 '관리'라고 해. 고려 시대, 조선 시대에는 시험을 통해 관리를 뽑았어. 관리를 뽑는 시험을 과거 시험이라고 해. 벼슬아치, 관료, 관원이라고도 불러.

한 걸음 더! 조선의 관리들은 아침 일찍 출근해 하루 종일 일을 했어. 월급은 땅이나 쌀 등으로 받았지.

어제 퀴즈! 나라와 나라를 합치는 것을 뭐라고 하지?

4월 24일

 통일 신라

성덕 대왕 신종

(聖 성인 **성** 德 덕 **덕** 大 큰 **대** 王 임금 **왕** 神 귀신 **신** 鐘 쇠북 **종**)

우리나라에서 가장 큰 신라 시대의 범종

성덕 대왕 신종은 신라 시대 경덕왕이 아버지 성덕왕을 기리기 위해 만들었어. 혜공왕 771년에 완성했는데 혜공왕은 경덕왕의 아들이야. 봉덕사에 위치해서 '봉덕사종'으로 불리는데, 만들 때 어린 아기를 넣었다는 이야기가 있어서 '에밀레종'으로도 불러. 종을 치면 '에밀레'라고 우는 소리가 난다고 해.

활용 문장

- **성덕 대왕 신종**은 우리나라에서 가장 크고 소리와 모양도 아름다운 종이다.
- **성덕 대왕 신종**은 에밀레종으로 부르기도 한다.

어제 퀴즈! 불국사에 있는 인공 석굴로 온화한 석가여래 불상 모습이 인상적인 이것은?

9월 5일

역사 기초 용어

통일
(統 거느릴 통 – 한 일)

하나로 모으는 것

나누어진 것들을 하나로 모으는 것을 말해. 역사에서는 주로 나라와 나라를 합치는 것을 뜻하지. 우리 역사에서는 고구려, 백제, 신라 삼국을 하나로 합친 삼국 통일이 있었어.

 **한 걸음 더!** 현재 남한과 북한은 통일하지 않은 상태, 즉 분단 국가로 남아 있어. 통일에 대해 어떻게 생각해?

 어제 퀴즈! 적의 힘에 눌려서 무릎 꿇는 것을 뭐라고 하지? 비슷한 말로 '굴복'이라고 있어.

4월 25일 | 통일 신라

혜초

인도로 가서 불교를 공부하고 《왕오천축국전》을 쓴 신라 승려
(704년~787년)

신라의 승려들은 부처의 나라인 축국(인도)이나 중국에 가서 공부하기도 했어. 그중 대표적인 스님이 '혜초'야. 16살에 중국에 갔고 그 이후 인도로 건너가, 인도와 주변 나라를 여행한 후 《왕오천축국전》이라는 여행기를 썼어.

한 걸음 더! 《왕오천축국전》에는 인도와 주변 나라의 종교나 문화, 풍속, 인도의 절과 스님의 모습 등이 적혀 있어. 지금은 프랑스 국립 도서관에 있어.

 어제 퀴즈! 우리나라에서 가장 큰 신라 시대의 범종은?

9월 4일

역사 기초 용어

항복
(降 항복할 **항** 伏 엎드릴 **복**)

적에게 무릎을 꿇는 것

적군이나 상대가 힘이 세서 이기지 못할 것 같다고 판단하면 싸움을 그만하겠다는 의미인 '항복'을 해. 적군이 항복하라고 강요하기도 하지. '적에게 항복하다.', '항복을 받아내다.' 등으로 쓰여.

활용 문장

- 조선 시대 임금 인조는 삼전도에서 청나라에 **항복**했다.
- 적군에게 **항복**하는 일은 매우 슬픈 일이다.

어제 퀴즈! 왕의 자리를 이어받을 사람이 없어서 다른 사람이 왕위를 이어받게 될 때, 그 왕의 아버지를 부르는 말은?

4월 26일 | 통일 신라

장보고

통일 신라 시대 바다의 왕
(?~846년)

통일 신라 시대 말 당나라, 신라, 일본 세 나라를 잇는 국제 무역을 한 사람이야. '활을 잘 쏘는 사람'이라는 뜻의 '궁복'이 원래 이름이지. 어릴 때 당나라에서 군인으로 일했어. 그는 그곳에서 노예로 끌려 온 신라 사람들을 발견했고 다시 신라로 돌아와 지금의 완도에 청해진을 세우고 해적을 물리쳤어.

탐방 정보: 전라남도 완도군 완도읍에 가면 장보고 기념관이 있어. 그의 업적을 알 수 있는 다양한 전시들을 보며 장보고를 더 알아보는 건 어떨까?

어제 퀴즈! 인도로 가서 불교를 공부하고 《왕오천축국전》을 쓴 신라 승려는?

9월 3일

역사 기초 용어

대원군
(大 큰 대 院 집 원 君 임금 군)

왕위를 이어받을 왕의 아버지

조선 시대에 왕의 자리를 이어받을 사람이 없을 때, 다른 사람이 왕이 되었어. 그 왕의 아버지를 부르는 말이야. 조선 시대에는 선조의 아버지 덕흥 대원군, 인조의 아버지 정원 대원군, 철종의 아버지 전계 대원군, 고종의 아버지 흥선 대원군이 있었는데, 흥선 대원군만 살아 있을 때 이 이름을 받았어.

조선 시대 고종의 아버지인 흥선 대원군의 본래 이름은 이하응이야.

왕비의 아버지를 뭐라고 부르지?

4월 **27**일

통일 신라

청해진
(淸 맑을 **청** 海 바다 **해** 鎭 누를 **진**)

통일 신라 시대 때 장보고가 중국, 일본과 무역하던 곳

장보고는 828년 전라남도 완도에 '청해진'을 설치했어. 국제 무역과 군사 목적으로 만들었지. 청해진을 중심으로 당나라, 신라, 일본 세 나라를 연결하는 무역을 했어. 장보고가 죽고 851년에 문을 닫았다고 해.

활용 문장
- 장보고는 **청해진**을 중심으로 국제 무역을 했다.
- 장보고를 **청해진** 대사라고 부르기도 했다.

어제 퀴즈! 통일 신라 시대에 바다를 장악하고 국제 무역을 한 이 사람은?

9월 2일   역사 기초 용어

부원군
(府 마을 **부** 院 집 **원** 君 임금 **군**)

왕비의 아버지

조선 시대 왕비의 아버지를 부르는 말이야. 임금의 장인(아내의 아버지)이지. 딸이 왕비가 되면 자연스럽게 부원군이 되었어. 조선 시대 신하인 한명회도 자신의 두 딸이 왕비가 되면서 부원군이 된 거야.

한 걸음 더! '딸 덕에 부원군'이라는 말이 있어. 어른이 되어 따로 나가 살게 된 딸 덕분에 어떤 일이 잘 되거나 잘 지내는 상황에 쓰는 말이야.

어제 퀴즈! 왕의 어머니나 할머니가 대신 정치하는 것을 뭐라고 하지?

4월 28일 · 충무공 탄신일 · 통일 신라

최치원

'시무 10조'를 올린 통일 신라 말의 학자
(857년~?)

9세기 통일 신라 말기의 학자야. 12살에 당나라로 유학을 가고, 18살에는 과거에 합격해 당나라 관리가 되었어. 신라로 돌아온 후에는 나라가 더 잘 되기를 바라는 마음으로 진성 여왕에게 '시무 10조'를 올렸는데 거절당했어. 이후 정치하지 않고 떠돌아다니며 살다가야산 해인사에서 삶을 마쳤다고 전해 오고 있어.

 **한 걸음 더!** 중국 양저우에는 최치원 기념관이 있고, 경상북도 의성군에는 최치원 문학관이 있어. 신라를 개혁하고자 했으나 골품 제도에 한계를 느껴 떠난 그를 우리는 기억하려고 애쓰고 있지!

어제 퀴즈! 통일 신라 때 장보고가 중국, 일본과 무역하던 전라남도 완도의 이곳은?

9월 1일

역사 기초 용어

수렴청정
(垂 드리울 수 簾 발 렴 聽 들을 청 政 정사 정)

왕의 어머니나 할머니가 대신 정치하는 것

임금이 너무 어려서 어머니나 할머니가 대신 나라를 다스린 것을 말해. 발을 치고 함께 정치를 듣는다는 의미야. '발'은 가늘고 긴 막대를 줄로 엮어서 만든 물건인데 주로 무엇을 가릴 때 사용해. 임금 옆에 모습을 감추고 나랏일에 참여했어. 조선 시대에는 총 7번의 수렴청정이 있었다고 해.

우리나라 최초의 수렴청정은 53년 고구려의 태조왕 때였어. 태조가 일곱 살에 왕이 되어 태조의 어머니가 수렴청정을 했어.

북쪽 청나라를 정벌하자는 정책을 뭐라고 하지?

4월
29일

통일 신라

무구 정광 대다라니경
(無 없을 무 垢 때 구 淨 깨끗할 정 光 빛 광 大 큰 대 陀 비탈질 다 羅 그물 라 尼 여승 니 經 경서 경)

석가탑에서 발견된 목판 인쇄물

1966년 10월 경주 불국사 석가탑에서 발견되었어. '무구'는 티끌 없이, '정광'은 청정하게 빛난다는 뜻이야. '다라니경'은 당나라 시대에 어느 승려가 번역한 책의 이름이야. 현재 존재하는 것 중 세계에서 가장 오래된 목판 인쇄물로 알려져 있어. 우리나라 국보로 지정되었지.

한 걸음 더!

목판 인쇄물은 목판에 글자를 새겨 종이에 찍은 것을 말해. 다라니경의 글자는 아직도 선명하다고 해. 그만큼 목판 인쇄 기술, 종이 기술이 뛰어났다는 것을 알 수 있지.

어제 퀴즈! 통일 신라 말의 학자로 진성 여왕에게 '시무 10조'를 올린 이 사람은?

9월
역사 기초 용어

1월, 5월에 이어 마지막 역사 기초 용어입니다.
역사는 크게 보면 나라의 건국과 발전, 멸망을 다루고 있어요.

그래서 나라와 관련된 용어, 중심부인 수도와 관련된 용어,
전쟁과 관련된 용어가 많이 등장하죠.

이런 용어들을 익히면 어떤 나라의 역사를 읽든
이해가 쏙쏙 될 거예요!

4월
30일

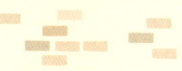 통일 신라

경순왕

통일 신라 시대의 마지막 임금
(897년~978년)

927년 후백제 견훤이 신라에 쳐들어와서 경애왕을 죽인 후 임금의 자리에 앉힌 통일 신라의 마지막 임금이야. 927년부터 935년까지 임금의 자리에 있었어. 경순왕은 935년 고려 왕건에게 항복해 나라를 바쳤고, 통일 신라는 긴 역사의 막을 내리게 됐어.

 **한 걸음 더!**

경순왕이 나라를 넘기자 아들 태자는 안타까워하며, 비단옷을 벗고 삼베옷을 입은 채로 경주를 다니며 통곡했다고 해. 그래서 그를 '마의 태자'라고 불러.

 어제 퀴즈! 석가탑에서 발견된 현재 있는 것 중 가장 오래된 목판 인쇄물은?

8월 31일 · 조선

북벌 정책
(北 북녘 북 伐 칠 벌 政 정사 정 策 꾀 책)

북쪽(청나라)을 쳐들어가자는 정책

북쪽을 공격해 정벌하자는 것이 '북벌 정책'이야. 인조의 다음 왕인 효종이 병자호란 때 겪은 수치심을 씻기 위해 청나라를 공격하자고 했어. 하지만 결국 힘센 청나라를 이기지 못하고 북벌 정책도 끝나고 말았지.

활용 문장
- 효종은 소현 세자와 달리 **북벌 정책**을 주장했다.
- **북벌 정책**은 북쪽을 공격하자는 정책이다.

어제 퀴즈! 인조의 둘째 아들로 병자호란 때 청나라에 인질로 잡혀갔던 왕은?

5월

역사 기초 용어

다시 역사 기초 용어를 만나 볼까요?
무덤을 부르는 말도 여러 가지,
싸움을 이르는 말도 여러 가지라는 것 알고 있나요?

역사 속에 있던 왕,
그 왕과 관련된 용어도 여러 가지랍니다.

역사가 낯설게 느껴지는 이유는
비슷한 용어도 상황에 따라 다르게 사용하기 때문이에요.
5월 용어를 잘 익히면 역사책을 술술 읽을 수 있을 거예요.

8월 30일 조선

효종

조선의 17번째 왕
(1619년~1659년)

인조의 둘째 아들로 인조를 이어 조선의 왕이 되었어. 원래 이름은 봉림 대군이야. 병자호란 때 소현 세자와 함께 청나라에 8년간 잡혀 있었어. 그 후 청나라에 복수를 꿈꾸었지만 이루지 못했지.

한 걸음 더! 청나라로부터 발전된 것들을 배우자는 소현 세자의 북학, 청나라를 정벌해야 한다는 효종의 북벌, 두 가지 의견이 서로 팽팽했어. 너의 생각은 어때?

어제 퀴즈! 병자호란 이후 청에 인질로 끌려갔던 인조의 첫째 아들은?

5월 1일 　**근로자의 날**

역사 기초 용어

고분
(古 옛 고 墳 무덤 분)

오래된 무덤, 역사적으로 의미 있는 지배층의 무덤

한자 그대로 옛날에 만들어진 무덤을 '고분'이라고 하는데, 역사적으로 의미 있는 무덤을 가리키는 말이기도 해. 누군지는 모르지만 어느 시대 지배층의 무덤인 거지. 고구려 고분, 신라 고분 등 시대 이름과 함께 통틀어 부를 때 종종 사용돼.

처음에는 죽은 사람을 감추기 위해 땅에 묻기 시작했지만, 시간이 지나면서 다양한 모양의 무덤들이 생겼어. 현재 전 세계적으로 가장 큰 무덤은 이집트 쿠푸 왕의 피라미드, 중국 진시황제 무덤, 일본 사카이시의 닌토쿠료 무덤이야.

어제 퀴즈! 　고려 왕건에게 항복해서 나라를 바친 통일 신라의 마지막 임금은?

8월
29일

조선

소현 세자

병자호란 이후 청에 인질로 끌려갔던 인조의 첫째 아들
(1612년~1645년)

인조의 첫째 아들로 병자호란 이후 청에 인질로 잡혀갔어. 약 8년 동안 청나라에서 생활하면서 청나라의 발전된 문물을 보고 배워야 한다고 생각했지. 그러나 돌아온 지 두 달 만에 의문의 죽음을 맞이하고 말았어.

소현 세자는 아내 세자빈 강씨와 함께 청나라에 머물다 왔어. 세자가 세상을 떠난 후 세자빈 강씨와 세 아들 모두 슬픈 죽음을 맞이했어.

어제 퀴즈! 병자호란 때 인조가 몸을 피했던 곳은?

5월 2일

역사 기초 용어

총

(冢 무덤 총)

주인이 누구인지 모르는 무덤

안에 있는 유물로 보았을 때 왕의 무덤이긴 하나 정확히 누구의 무덤인지 모를 때는 끝에 '총'을 붙여. 금관, 귀고리, 팔찌 등이 나온 '금관총'이 있어. 이 중 몇 개는 우리나라 국보로 지정되었지. 천마도가 나온 '천마총'도 있어. 천마도도 우리나라 국보야. 순백의 천마 한 마리가 하늘로 날아 올라가는 모습을 그린 그림이지.

 중국 지린성 지안현에 가면 고구려 시대의 무덤인 장군총이 있어. 7층 돌무지무덤인데, 광개토 대왕 혹은 장수왕의 무덤으로 추측하고 있어.

 역사적으로 의미 있는 지배층의 무덤으로 오래된 무덤을 뜻하는 말은?

8월 28일 — 조선

남한산성
(南 남녘 **남** 漢 한나라 **한** 山 메 **산** 城 재 **성**)

병자호란 때 인조가 몸을 피한 곳

남한산성은 경기도 광주에 있어. 통일 신라 시기에 지어져 조선 시대 수도 한양을 지키던 성곽이야. 병자호란 때 청나라가 쳐들어오자 인조와 신하들이 몸을 숨긴 곳이기도 해. 그들은 45일간 숨어 있다 결국 항복했고 소현 세자와 봉림 대군, 그리고 많은 신하와 백성들이 청으로 잡혀 가고 말았지.

한 걸음 더! 조선 후기의 문신인 석지형(1610년~?)은 병자호란 때 겪은 일을 일기처럼 써 두었어. 이를 '남한일기'라고 해.

어제 퀴즈! 병자호란 때 남한산성으로 피했다가 항복한 조선의 왕은?

5월 3일

역사 기초 용어

능
(陵 큰 언덕 능(릉))

왕과 왕비의 무덤

왕이나 왕비가 묻힌 무덤은 끝에 '능(릉)'을 붙여. 삼국 시대 백제 제25대 무령왕과 왕비의 능인 무령왕릉, 세종과 소헌 왕후가 묻힌 영릉 등이 있어. 무령왕릉은 무덤의 주인이 정확하게 밝혀진 몇 안 되는 무덤이야. 무덤 안에서 금으로 만든 다양한 유물이 발굴되었어. 그중 많은 유물이 국보로 지정되었지.

 고분, 총, 능 이외에 일반 무덤은 '묘'라고 해. 역사상 왕이었다가 자리에서 물러나게 된 왕의 무덤도 '묘'라고 불러. 연산군 묘와 광해군 묘가 대표적이야.

 주인이 누구인지 모르는 무덤을 뜻하는 단어는?

8월 27일 — 조선

인조

병자호란 때 남한산성으로 피했다 항복한 조선의 16번째 왕
(1595년~1649년)

조선의 왕으로, 광해군을 몰아내고 왕의 자리에 올랐어. 청나라가 쳐들어오자 남한산성으로 몸을 피했지만, 강화도에 있던 왕실 가족이 인질로 잡혀 버렸어. 결국 남한산성에서 나와 삼전도에서 청나라에 항복을 했지.

탐방 정보
서울 송파구에 가면 삼전도비가 있어. 인조가 청나라에 항복했다는 내용이 적힌 비석이야. 인조가 청나라 태종에게 무릎을 꿇고 땅에 머리를 박아 항복했는데 이를 '삼전도의 굴욕'이라고 해.

어제 퀴즈! 병자년에 일어난 청나라와 조선의 전쟁은?

5월 4일

역사 기초 용어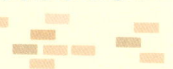

대첩
(大 큰 대 捷 이길 첩)

크게 승리한 싸움

'대첩'은 크게 승리했을 때 붙이는 이름이야. 보통 싸운 지역 다음에 붙여서 사용해. 고구려의 살수 대첩, 고려의 귀주 대첩, 조선의 행주 대첩과 한산도 대첩, 일제 강점기의 청산리 대첩 등이 있어. 일반적인 싸움은 '전투'라고 불러.

 한쪽이 크게 이겼다면 다른 한쪽은 크게 졌겠지? 그걸 상대 입장에서는 '참패'라고 해.

어제 퀴즈! 왕과 왕비의 무덤을 뜻하는 단어는?

8월 26일

조선

병자호란
(丙 남녘 **병** 子 아들 **자** 胡 오랑캐 **호** 亂 어지러울 **난(란)**)

청나라와 조선의 전쟁
(1636년~1637년)

청나라가 조선에 2차 침입해서 일어난 전쟁이야. 청나라가 이름을 바꾸기 전에는 후금이었는데, 이때 조선으로 처음 침입한 '정묘호란'이 있었어. 이후 조선은 후금의 요구를 들어줬는데 점점 심해졌지. 결국 조선은 분노했어. 조선의 태도를 확인한 후금은 청나라로 이름을 바꾸고 조선을 다시 쳐들어왔어.

병자호란이 일어나기 전 1627년 정묘호란 때는 형제 관계를 맺자고 했는데, 오래 가진 않았다고 해.

노량 앞바다에서 있었던 임진왜란의 마지막 싸움은?

5월 5일 **어린이날**

역사 기초 용어

전투
(戰 싸울 전 鬪 싸움 투)

두 나라의 싸움

두 나라가 각각 군대를 만들어 계획적으로 싸우는 것을 말해. 어느 한쪽이 크게 이기거나 지지 않고 서로 싸우는 형태가 되었을 때 '전투'라고 하지. 봉오동 전투, 고창 전투, 안시성 전투, 황산벌 전투 등이 있어.

활용 문장
- 우리 역사에는 수많은 **전투**가 있었다.
- 오랜 **전투**로 군사들이 지쳤다.

어제 퀴즈! 크게 승리한 싸움을 뭐라고 하지?
한산도 □□, 행주 □□ 등이 있어.

8월 25일

조선

노량 해전
(露 이슬 로(노) 梁 들보 량 海 바다 해 戰 싸울 전)

노량 앞바다에서 있었던 임진왜란의 마지막 싸움
(1598년 음력 11월 19일)

경상도 노량 앞바다에서 이순신 장군이 앞장선 조선 수군(바다의 군사)과 일본 수군의 마지막 싸움이야. 이때 일본은 500여 척의 배가 있었고, 우리나라는 200여 척에 불과했다고 해. 이 싸움을 끝으로 7년간의 임진왜란은 끝이 났어. 그리고 이순신 장군은 이 싸움에서 적에게 공격당해 목숨을 잃고 말았지.

우리 군사가 싸울 의지를 잃을 것을 걱정한 이순신 장군은 숨을 거두기 전 '나의 죽음을 알리지 마라.'라는 유언을 남겼어. 이순신 장군이 전쟁 동안의 일을 기록한 책인 《난중일기》는 현재 충청남도 아산시의 현충사에 보관되어 있어.

조선 수군이 명량 앞바다에서 일본 수군을 크게 무찌른 싸움은?

5월 6일

역사 기초 용어

동맹
(同 같을 동 盟 맹세할 맹)

두 나라 이상이 어떤 목적을 가지고 함께하고자 약속하는 것

두 나라 혹은 어떤 단체가 서로 같은 목적을 이루기 위해 또는 서로에게 도움이 되기 위해 하나가 되자고 약속하는 것을 '동맹'이라고 해. 군사적으로 합치면 군사 동맹이지. '연맹'도 비슷한 의미로 쓰여.

활용 문장
- 신라와 당나라는 **동맹**을 맺고 고구려와 백제를 무너뜨렸다.
- 두 나라가 **동맹**을 맺으니 이웃 나라들이 긴장했다.

어제 퀴즈! 두 나라가 싸우는 것을 뭐라고 하지?
봉오동 ☐☐, 황산벌 ☐☐가 있어.

8월 24일   조선

명량 대첩
(鳴 울 명 梁 들보 량 大 클 대 捷 이길 첩)

조선 수군이 명량 앞바다에서 일본 수군을 크게 무찌른 싸움
(1597년 9월 16일)

전라남도 진도에 있는 명량 해협에서 바다의 지형(땅이 생긴 모양)을 활용해서 일본 수군(바다에서 싸운 군대)을 물리쳤어. 10여 척의 배로 133척의 일본 배와 맞서 싸웠어. 이 전투를 기념하기 위해 해남에 명량 대첩비가 있어. 우리나라 보물로 지정되었지.

한 걸음 더! 이 전쟁을 다룬 영화 '명량'에 나오는 명대사가 있어. "전하, 신에게는 아직 13척의 배가 남아있사옵니다."인데, 이순신이 한 말이야. 이순신의 어떤 마음이 느껴지니?

어제 퀴즈! 권율 장군이 행주산성에서 왜군을 무찌른 싸움은?

5월 7일

역사 기초 용어

함락
(陷 빠질 함 落 떨어질 락)

상대 나라의 성이나 중요한 곳을 공격해서 무너뜨림

전쟁을 할 때는 상대 나라의 중요한 곳을 공격하려고 하지. 그래야 무너뜨릴 수 있으니까. 상대 나라의 주요한 곳을 무너뜨리거나 차지하는 것을 '함락'이라고 해. 함락당하고 나면 나라가 위태로워져.

활용 문장
- 적군의 요새(군사적으로 중요한 곳)를 **함락**시켜야 이길 수 있다.
- 수도가 **함락**되고 나라는 곧 멸망했다.

어제 퀴즈! 두 나라 이상이 서로 어떤 목적을 가지고 함께하고자 약속하는 것을 뭐라고 하지? 신라와 백제도 이걸 맺었어.

8월 23일 | 조선

행주 대첩
(추 다행 **행** 州 고을 **주** 大 클 **대** 捷 이길 **첩**)

권율 장군이 행주산성에서 왜군을 무찌른 싸움
(1593년 2월 12일)

권율 장군이 관군과 의병, 승병, 그리고 백성들과 힘을 합쳐 행주산성에서 일본 군을 크게 물리쳤어. 이 싸움이 '행주 대첩'이야. 1만 명도 되지 않는 군대를 이끌고 일본 군 3만여 명과 싸워 이긴 거야. 전투 도중 화살이 거의 다 떨어져 돌을 던지며 전투를 이어가는데 여인들도 같이 돌을 던지며 전투에 참여했었대.

행주산성은 경기도 고양시 행주동에 있어. 1602년에 행주 대첩비를 세웠는데, 시간이 지나 글씨가 흐릿해져 1845년에 더 큰 중건비를 세웠어. 이후 1963년에 한 번 더 대첩비를 세웠지.

한산도 앞바다에서 조선 수군이 일본 수군을 몰아낸 전투는?

5월 8일 어버이날

역사 기초 용어

연합군

(聯 잇닿을 연 合 합할 합 軍 군사 군)

두 개 이상의 나라가 힘을 합친 군대

전쟁을 할 때 두 개 이상의 나라가 힘을 합치는 것을 '연합'이라고 하고, 이렇게 만들어진 군대를 '연합군'이라고 해. 신라가 백제와 연합하여 고구려의 한강 일부 지역을 빼앗은 적이 있지.

활용 문장

- 신라와 당나라가 연합해서 만든 군대를 나당 **연합군**이라고 한다.
- 나당 **연합군**의 공격으로 고구려가 무너졌다.

어제 퀴즈! 전쟁 시 상대 나라의 성이나 중요한 곳을 공격해서 무너뜨리는 것을 뭐라고 하지?

8월 22일 　　조선

한산도 대첩
(閑 한가할 한 山 뫼 산 島 섬 도 大 큰 대 捷 이길 첩)

한산도 앞바다에서 조선 수군이 일본 수군을 몰아낸 전투
(1592년 7월 8일)

경상남도 통영 한산도 앞바다에서 이순신 장군이 왜군과 싸워 이긴 싸움이야. 1592년 4월 임진왜란이 시작되고 나서 계속 밀리다가 한산도에서 승리하며 분위기가 달라졌어. 학의 날개 모양으로 배를 펼치는 학익진이라는 전법으로 싸운 것으로도 유명해. 일본 군 400여 명은 당황하며 도망쳤다가 겨우 탈출했다고 해.

진주 대첩, 행주 대첩, 한산도 대첩을 임진왜란 3대 대첩이라고 해. 임진왜란 중에 크게 이긴 3개의 싸움이야.

어제 퀴즈! 일본 도적을 두 글자로 뭐라고 해?

5월 9일

역사 기초 용어

무역
(貿 바꿀 **무** 易 바꿀 **역**)

지역 또는 나라 사이 물건을 사고 파는 일

지역과 지역, 혹은 나라와 나라 사이에서 물건을 사고 팔거나 바꾸는 것을 '무역'이라고 해. 거래나 교역이라고도 하지. 각 나라마다 좋은 물건이 다르고, 없는 것도 있기 때문에 서로 사고팔아 필요한 물건을 얻거나 이익을 얻었어.

한 걸음 더! 우리나라 최초의 무역 왕은 통일 신라의 장보고야. 고려 시대에는 수도인 개경 주변에 벽란도라는 무역항(항구)이 있었어.

어제 퀴즈! 두 개 이상의 나라가 힘을 합친 군대를 뭐라고 하지?

8월 21일   조선

왜적
(倭 왜국 왜 敵 대적할 적)

왜(일본)나라의 도적

왜나라는 일본이야. 일본에서 온 도적을 '왜적'이라고 해. 바다를 건너 우리나라에 와서 사람을 죽이기도 하고 먹을 것을 빼앗아 가기도 했어.
다른 말로는 '왜구'라고도 해.

 외적(外 바깥 외, 敵 대적할 적)이라는 말과 헷갈리면 안돼. 외적은 일본뿐 아니라 다른 나라에서 온 적군을 말해.

 **임진왜란에서 쓰인 세계 최초의 철갑선은?**

5월 10일

역사 기초 용어

정복
(征 칠 **정** 服 입을 **복**)

남의 나라를 복종시키는 것

남의 나라에 쳐들어가서 복종시키고 이기는 것을 말해. '정벌'이라고도 하지. 역사상 수많은 전쟁이 일어났고, 우리나라 역시 정복을 하기도, 당하기도 했어. 정복하고 나면 영토를 넓힐 수 있었지.

활용 문장

- 수나라 양제가 고구려를 **정복**하려고 공격했으나 고구려는 이겨냈다.
- 주변 나라들을 **정복**하고 땅을 크게 넓혔다.

어제 퀴즈! 지역 또는 나라 사이 물건을 사고파는 일을 뭐라고 하지?

8월 20일 — 조선

거북선
(船 배 선)

임진왜란에서 쓰인 세계 최초의 철갑선

'거북선'은 용의 머리 모양과 거북의 꼬리 모양을 한 세계 최초의 철갑선이야. 2층으로 되어 있고 아래층에서 노를 저어 배를 움직였어. 위층에서는 군인이 적과 싸웠지. 임진왜란 때 이순신 장군이 만들어 큰 활약을 했어.

한 걸음 더! 지금은 사라진 5원 동전과 500원 종이돈에는 거북선이 그려져 있어. 그만큼 우리나라 사람들에게 거북선은 의미 있는 거지.

어제 퀴즈! 임진왜란 때 활약한 장군인데 노량 해전에서 전사했어. 누구일까?

5월 11일 — 동학농민혁명 기념일

역사 기초 용어

왕위
(王 임금 **왕** 位 자리 **위**)

임금의 자리

왕의 자리를 뜻해. 왕의 자리에 오르는 것을 '왕위에 오른다.'라고 표현하지. 왕의 자리를 물려주는 것을 '왕위 상속', 왕의 자리를 이어받는 것은 '왕위 계승'이라고 해. 왕의 자리에 오르고 싶어 싸우는 이들도 있었어.

활용 문장
- 고구려의 광개토 대왕은 18세에 **왕위**에 올랐다.
- **왕위**를 이어받을 왕자가 태어나니 모두들 기뻐했다.

어제 퀴즈! 남의 나라에 쳐들어가서 복종시키고 이기는 것을 뭐라고 하지? 정벌이라고도 해.

8월 19일

조선

이순신

임진왜란 때 활약한 조선의 훌륭한 장군
(1545년~1598년)

조선 시대의 장군으로 임진왜란에서 군인들과 함께 싸웠어. 학익진(학이 날개를 편 듯한 모습으로 둘러싸서 공격)으로 큰 승리를 한 한산도 대첩과 13척의 배로 130여 척의 왜군에 맞서 크게 이긴 명량 대첩이라는 싸움도 있었지. 마지막 싸움인 노량 해전에서 죽고 말았어.

명량 대첩을 실감나게 담은 영화 '명량(2014년)'에는 이런 대사가 나와. '싸움에 있어 죽고자 하면 반드시 살고, 살고자 하면 죽는다.' 이순신의 마음을 잘 보여주지?

조선 시대 때 일본이 침략해서 7년간 이어진 이 전쟁은?

5월 12일

역사 기초 용어

태자
(太 클 태 子 아들 자)

임금의 자리를 이을 임금의 아들

'태자'는 다음으로 왕이 될 사람을 말해. '왕태자'라고도 하지. 태자로 정해지면 아침부터 저녁까지 왕이 되기 위한 공부나 무예 훈련을 했어. 비슷한 말로는 세자, 왕세자가 있어. 일반적으로 황제의 아들은 태자, 왕의 아들은 세자 혹은 왕자라고 불렀어.

활용 문장
- 고구려 시조인 주몽은 유리를 **태자**로 삼았다.
- 임금이 죽자 **태자**가 왕이 되었다.

어제 퀴즈! 임금의 자리를 뭐라고 하지?
임금의 자리에 오르는 것을 □□에 오른다고 표현해.

8월 18일 — 조선

임진왜란

(壬 북방 **임** 辰 별 **진** 倭 왜국 **왜** 亂 어지러울 **난(란)**)

조선 시대 일본의 침략으로 일어난 싸움
(1592년~1598년)

일본이 조선을 거쳐 명나라에 가겠다면서 쳐들어왔어. 20일 만에 조선의 한양까지 올라오고 북쪽으로 더 올라갔지. 이순신과 의병, 관군들의 활약으로 7년 만에 전쟁은 끝이 났지만 조선의 땅은 엉망이 되고 백성들은 살기 힘들어졌어.

임진왜란 중 잠시 휴전을 하고 협상을 시도했어. 하지만 실패하자 왜군이 정유년(1597년)에 다시 침략한 전쟁을 정유재란이라고 해. 보통 '임진왜란'이라고 하면 정유재란을 포함시켜 이야기해.

어제 퀴즈! 나라를 다스리는 기준이 된 조선 최고의 법전은?

5월 13일

역사 기초 용어

즉위
(卽 곧 **즉** 位 자리 **위**)

임금이 될 사람이 임금의 자리에 오르는 것

세자로 정해진 사람은 임금의 자리에 오를 시기가 되면 즉위식을 거쳤어. 세자는 즉위할 때 옥새(임금의 도장)를 전해 받게 돼. 즉위식을 치르고 나면 비로소 왕이 되어 나라를 다스릴 수 있었지.

활용 문장
- 왕이 돌아가시고 세자가 왕으로 **즉위**했다.
- 새로운 임금이 **즉위**하자 나라가 평화로워졌다.

어제 퀴즈! 임금의 자리를 이을 임금의 아들을 뭐라고 하지?

| 8월 17일 | 조선 |

경국대전
(經 경서 경 國 나라 국 大 큰 대 典 법 전)

조선 시대 때 나라를 다스리는 기준이 된 최고의 법전

조선 시대 최고의 법전이야. 조선의 일곱 번째 왕인 세조 때 만들기 시작했어. 나라를 다스리는 것, 경제적인 문제, 사회에서 일어나는 일 등 지켜야 할 여러 가지가 담겨 있어. 성종 때 완성되었지.

한 걸음 더! 고조선에 팔조법이 있었던 것처럼 조선도 법전이 있었어. 사회가 복잡해질수록 법전의 내용은 복잡하고 많아져. 지금 우리가 사는 세상의 법도 마찬가지야.

어제 퀴즈! 수양 대군이 단종을 몰아내고 왕의 자리를 빼앗은 사건을 뭐라고 하지?

5월 14일

역사 기초 용어

왕세손
(王 임금 왕 世 세대 세 孫 손자 손)

왕세자의 맏아들

왕의 자리에 오를 왕세자의 첫 번째 아들이 '왕세손'이야. 왕세자가 정해질 때 주로 같이 정해졌어. 왕세손이 되기 전에는 '원손(元孫)'이라고 불렀다고 해. 왕의 동생이 왕의 자리를 이어받기도 했는데 그런 경우 '왕세제(王世弟)'라고 불렀어.

우리나라 역사에서 왕세손에서 바로 국왕이 된 경우가 있어. 바로 조선의 정조와 헌종이야.

어제 퀴즈! 임금이 될 사람이 임금의 자리에 오르는 것을 뭐라고 하지?

8월 16일 | 조선

계유정난
(癸 북방 계 酉 닭 유 靖 편안할 정 難 어려울 난)

수양 대군이 왕의 자리를 빼앗은 사건
(1453년)

1453년에 수양 대군(세종 대왕의 둘째 아들)이 13살에 왕이 된 조카 단종의 자리를 빼앗은 사건이야. 수양 대군은 단종을 따르는 황보인, 김종서 등 많은 사람을 죽이고 왕위에 올랐어. 조선의 일곱 번째 왕인 세조가 된 거지.

한 걸음 더! 왕의 자리에서 물러나게 된 단종은 강원도 영월의 청령포로 유배되었어. 그곳에서 누이와 아내를 기리며 슬퍼하다 세상을 떠났지.

어제 퀴즈! 조선의 학문 연구 기관으로 조선의 문화가 발전하는 데 큰 역할을 한 기관이야. 무엇일까?

5월	스승의 날	역사 기초 용어
15일		

책봉

(冊 책 **책** 封 봉할 **봉**)

임금 및 그 관련 자리에 세움

임금의 자리에 세우는 것 또는 왕비, 왕세자 등의 자리에 세우는 것을 '책봉'이라고 해. '책봉하다.', '책봉되다.' 등으로 쓰여. 책봉하기 위한 의식은 '책봉식'이라 하지. 조선 시대에는 책봉식을 맡아서 하는 '책례도감'이라는 기관도 있었어.

활용 문장
- 궁궐에서 왕세자의 세자 **책봉**식이 열렸다.
- 왕비를 **책봉**하는 행사가 크게 열렸다.

어제 퀴즈! 왕세자의 맏아들을 뭐라고 하지?

8월 15일 — 광복절 — 조선

집현전
(集 모을 집 賢 어질 현 殿 큰 집 전)

조선의 학문 연구 기관

조선 세종 때 만든 곳으로 여기에서 훈민정음이 만들어졌어. 책도 많이 만들어 조선의 문화가 발전하는 데 큰 역할을 했지. 집현전에서는 왕과 신하들의 토론인 경연도 했어. 왕세자를 교육하는 서연이라는 것도 있었지.

한 걸음 더! 세종은 능력 있는 신하들이 출근하지 않고 조용한 곳에서 공부나 독서에 집중할 수 있도록 '사가독서제'라는 것을 실시하기도 했어. 학문을 중요하게 생각하는 세종의 마음이 느껴지지?

어제 퀴즈! 세종이 만든 한글을 '백성을 가르치는 바른 소리'라는 의미로 이렇게 불러. 뭘까?

5월 16일

역사 기초 용어

계승
(繼 이을 계 承 받들 승)

무언가를 이어받는 것

조상들이 이룬 것을 이어나가는 것 또는 왕의 자리를 이어받는 것을 '계승'이라고 해. 조선을 세운 이성계의 아들 이방원은 아버지를 도와 조선 건국에 큰 공을 세웠어. 하지만 첫째가 아닌 다섯째 아들이어서 왕위 계승을 못했어. 이방원은 두 차례의 왕자의 난을 일으켰고, 결국 조선 시대 세 번째 왕 태종이 되었어.

활용 문장

- 왕위 **계승**을 둘러싸고 권력 싸움이 벌어졌다.
- 전통 문화를 **계승**하여 잊지 말아야 한다.

어제 퀴즈!

임금, 왕비, 왕세자 등의 자리에 세우는 일을 뭐라고 하지?

8월 14일 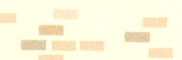 조선

훈민정음
(訓 가르칠 훈 民 백성 민 正 바를 정 音 소리 음)

세종이 만든 한글

세종 대왕이 1443년에 백성들을 위해 만든 우리 글자야. '백성을 가르치는 바른 소리'라는 뜻을 가지고 있지. 한글이 만들어진 덕분에 많은 이들이 글을 읽을 줄 알게 되었어.

 **탐방 정보**
서울 용산구에는 국립 한글 박물관이 있어.
한글과 관련된 다양한 전시는 물론 여러 체험도 할 수 있어.

 어제 퀴즈! 집현전을 세우고, 훈민정음을 만든 조선의 왕은?

5월 17일 | 역사 기초 용어

폐위
(廢 폐할 **폐** 位 자리 **위**)

왕이나 왕비 자리에서 쫓겨남

왕이나 왕비가 자리에서 쫓겨나게 되는 것을 '폐위'라고 해. 잘못이 있어 그 자리에서 끌어내리는 거지. 보통 왕을 바꾸려는 혁명이나 반란 등이 일어날 때 폐위되고는 했어. 조선의 단종, 연산군, 광해군이 폐위된 왕이야. 식민지 시대였던 대한 제국의 고종은 일본에 의해 폐위된 거야.

활용 문장
- 조선 시대 단종은 수양 대군에게 **폐위**되었다.
- 왕비를 **폐위**하려는 자들이 서로 속닥이고 있다.

어제 퀴즈! 무언가를 이어받는 것, 왕위를 □□하다 등의 표현이 있어. 무엇일까?

8월 13일 — 조선

세종 대왕
(世 인간 세 宗 마루 종 大 클 대 王 임금 왕)

훈민정음을 창제한 조선의 네 번째 임금
(1397년~1450년)

세종은 집현전을 세워 똑똑한 신하들을 키웠어. 농사와 과학도 많이 발전시켰지. 한글인 훈민정음도 만들었어. 여진족을 몰아내고 북쪽으로 두만강, 압록강까지 땅을 넓히고 4군 6진을 설치하기도 했어.

탐방 정보: 경기도 여주시에 가면 세종과 소헌 왕후의 능이 있어. 하나의 무덤 봉우리 안에 다른 방이 있는 합장릉이야.

어제 퀴즈! 이방원이 시행한, 호패를 가지고 다니도록 하는 법을 뭐라고 해?

5월 **5·18 민주화 운동 기념일** 역사 기초 용어
18일

퇴위
(退 물러날 **퇴** 位 자리 **위**)

임금의 자리에서 물러나는 것

임금이 자리에서 스스로 물러나는 것을 말해. 조선 후기 제26대 왕이자 대한 제국 제1대 황제인 고종은 1907년에 퇴위했어. 사실은 친일파들과 일제의 강요 때문에 강제로 퇴위한 거야. 일본이 침략했을 때 일어난 슬픈 일이지.

활용 문장
- 일제는 고종을 강제로 **퇴위**시켰다.
- 왕의 **퇴위**를 반대하는 신하들도 있다.

어제 퀴즈! 왕이나 왕비 자리에서 쫓겨나는 것을 뭐라고 하지?

8월 12일 | 조선

호패법
(號 부르짖을 호 牌 패 패 法 법 법)

호패를 가지고 다니도록 하는 법

지금의 주민등록증과 같은 신분증이 호패야. 호패를 보면 그 사람의 신분이나 나이 등을 알 수 있어. 열여섯 살 이상의 양반부터 노비까지 모든 남자들이 가지고 다니도록 한 것이 '호패법'이야. 군사 훈련을 받게 하고 세금을 정확히 내도록 만든 제도야. 조선의 세 번째 임금인 이방원이 시행했어.

신분에 따라 호패를 만드는 재료가 달랐어. 군대를 가지 않으려고 일반 백성들이 양반의 노비로 거짓 신고하는 일이 늘어서 벌을 받기도 했대. 노비는 군대를 가지 않았거든.

어제 퀴즈! 이성계의 다섯 번째 아들로 왕자의 난으로 왕의 자리에 오른 후 호패법 등을 만든 사람이야. 누굴까?

5월 19일 — 역사 기초 용어

복위
(復 돌아올 복 位 자리 위)

폐위되었다가 다시 자리에 오름

폐위된 왕이나 왕비가 다시 제자리로 가는 것을 말해. 조선 시대 수양 대군에 의해 폐위되었던 단종은 그를 모시던 신하들에 의해 복위 운동이 일어났으나 실패했어. 그 후 단종은 강원도 영월로 유배되었다가 세상을 떠났어. 단종이 세상을 떠난 후 오랜 시간이 지난 1698년에 복위되었어.

 **활용 문장**
- 수양 대군에 의해 폐위되었던 단종을 다시 왕의 자리에 올리려는 단종 **복위** 운동이 일어났다.

 어제 퀴즈! 임금의 자리에서 스스로 물러나는 것을 뭐라고 하지?

8월 11일

조선

이방원

조선의 세 번째 왕
(1367년~1422년)

이성계의 다섯 번째 아들로 조선을 세우는 데 큰 힘을 보탰어. 그러나 왕이 되지 못한 것에 불만이 있어 두 차례의 왕자의 난을 일으켰고, 첫 번째 왕자의 난에서 정도전을 죽이기도 했지. 그렇게 왕의 자리에 올랐고, 지금의 신분증과 같은 역할인 호패법을 만들고 조선을 팔도로 나누는 등의 일을 했어.

활용 문장
- **이방원**은 조선의 세 번째 왕으로 나라의 기반을 마련하는 데 힘썼다.
- **이방원**은 호패법을 만들었다.

어제 퀴즈! 조선의 궁궐로 이성계 때 지었어. 임금이 사는 법궁인데 임진왜란 때 타 버렸어. 어떤 궁궐일까?

5월 **20**일

역사 기초 용어

묘호
(廟 사당 묘 號 부르짖을 호)

임금이 죽은 후 붙이는 이름

왕이 죽으면 묘호(무덤 이름)를 지었는데 '조'와 '종'을 썼어. 대체로 '조'는 나라를 세우거나 큰 공이 있는 임금에게 붙이고, '종'은 왕위를 물려받은 임금에게 붙여. 조선의 왕 27명 중 7명의 왕이 '조'를 사용하고 18명의 왕이 '종'을 쓰지. 그중 단 두 명만이 '군'을 쓰는데 '연산군'과 '광해군'이야. 폐위된 왕은 '군'을 썼어.

한 걸음 더! 태조 – 정종 – 태종 – 세종 – 문종 – 단종 – 세조 – 예종 – 성종 – 연산군. 조선 제10대까지의 임금이야. 조, 종, 군 중 무엇으로 끝나는지 표시해 볼까?

어제 퀴즈! 폐위되었다가 다시 제자리로 가는 것을 뭐라고 하지?

8월 10일 — 조선

경복궁
(景 경치 경 福 복 복 宮 집 궁)

이성계 때 지은 조선의 궁궐 중 한 곳

이성계가 조선을 세우고 수도를 개경에서 한양으로 옮기면서 1395년에 지은 궁궐이야. 임금이 사는 법궁이지.(임금이 잠시 머무는 궁궐은 이궁이라고 해.) 임진왜란 때 불탔다가 흥선 대원군 때 다시 지어졌어.

한 걸음 더! 경복궁, 경희궁, 덕수궁, 창덕궁, 창경궁을 5대 궁궐이라고 해. 모두 조선의 궁궐이었어.

어제 퀴즈! 조선의 수도는?

5월 21일

역사 기초 용어

시호
(諡 시호 **시** 號 부르짖을 **호**)

훌륭한 일을 한 사람이 죽은 후에 왕이 주는 이름

큰 공을 세운 사람이 죽은 후 그 사람이 한 일을 높이 받들기 위해 왕이 주는 이름이야. 처음에는 왕이나 왕비, 높은 자리에 있는 사람에게만 주었는데 시간이 지나서는 낮은 자리에 있는 사람에게도 주었어. 시호를 받은 인물들 중 이순신이 있어. '충무공 이순신'이라는 말 들어 봤지? '충무공'이 이순신의 시호야.

활용 문장

- 이순신의 **시호**인 '충무공'은 '무예로 충성을 다한 사람'이라는 뜻이다.
- 고려 시대 스님 의천의 **시호**는 대각 국사이다.

어제 퀴즈! 왕이 죽은 후 붙이는 이름을 묘호라고 하는데, 여기에는 세 가지가 있어. 무엇일까?

8월 9일 조선

한양
(漢 한나라 한 陽 볕 양)

조선의 수도

태조 이성계는 조선을 세우고 한양을 도읍으로 정했어. 한반도에서 가장 큰 중심 도시지. 강과 넓고 평평한 땅, 편리한 교통 덕분에 중요한 곳이 되었어. 백제가 나라를 세웠던 곳이자, 지금의 서울이기도 해.

한 걸음 더! 한양을 둘러싸고 있는 네 개의 산인 북악산, 인왕산, 낙산, 남산을 이어 쌓은 성이 있는데 한양 도성이라고 해. 한양을 한양 도성이라 부르기도 하지.

어제 퀴즈! 조선을 다스린 기본이 되는 학문으로 조선의 법전 경국대전도 이것을 바탕으로 만들어졌어. 무엇일까?

5월 22일

역사 기초 용어

공주
(公 공평할 공 主 주인 주)

임금의 딸

역사에서 왕은 부인을 여러 명 둘 수 있었어. 그중 정식 부인인 왕비가 낳은 임금의 딸을 '공주'라고 해. 공주를 높여 '옥주'라고도 하지. '왕녀'도 비슷한 말이야. 정식 부인이 아닌 다른 부인은 후궁이라 불렀어.

한 걸음 더! 역사 속 수많은 공주들이 있었지. 그중 온달의 아내이자 평원왕의 딸이었던 고구려 평강 공주, 단종의 누나로 단종이 왕의 자리에서 물러나게 되면서 노비가 된 경혜 공주가 있어.

어제 퀴즈! 훌륭한 일을 한 사람이 죽은 후에 임금이 주는 이름이야. 이순신의 □□는 '충무공'이지. 뭘까?

8월 8일 | 조선

성리학

(性 성품 성 理 다스릴 리 學 배울 학)

송나라, 명나라 때 만든 학문

중국 송나라 때, 주희라는 사람이 만들었어. 고려 말에 우리한테 전해졌지. 유교의 한 종류라고 생각하면 돼. 조선을 다스리는 기본이 되었지. 대표적으로 이황과 이이가 성리학자였어. 조선의 법전 경국대전도 성리학을 바탕으로 만든 법전이야.

활용 문장
- 조선의 **성리학**을 발전시킨 학자로 이황과 이이가 있다.
- 조선은 **성리학**을 바탕으로 다스린 나라다.

어제 퀴즈! 조선의 기본 이념이 된 중국의 대표적인 사상으로 효도와 충성을 강조했어. 뭘까?

5월 23일

역사 기초 용어

옹주
(翁 늙은이 옹 主 주인 주)

후궁이 낳은 딸

조선 시대 후궁(정식 부인 외의 부인)이 낳은 딸을 이르던 말이야. 역사 속 옹주들 중 '덕혜 옹주'라는 인물이 있어. 고종의 딸로 태어났는데 조선의 마지막 옹주였지. 14살에 강제로 일본으로 가게 되어 힘겨운 삶을 살았어. 나중에 한국으로 돌아왔지만 쓸쓸히 삶을 마쳤다고 해.

영화 덕혜 옹주(2016, 12세 관람가)에 보면 다음과 같은 대사가 나와. '빼앗긴 들'과 '봄'은 어떤 의미일까?
"저는 조선의 옹주, 이덕혜입니다. 여러분, 희망을 잃지 마세요. 빼앗긴 들에도 봄은 찾아옵니다."

 임금의 딸을 뭐라고 부르지?

8월 7일 | 조선

유교

(儒 선비 **유** 教 가르칠 **교**)

조선의 기본 이념이 된 중국의 대표적인 사상

유학(중국 공자의 가르침을 받아들이는 학문)을 종교로 보았을 때 '유교'라고 해. 유교는 효도와 충성을 중요하게 생각했어. 조선이 세워진 후 나라를 잘 다스리기 위해 유교를 받아들였지. 조선은 유교에 따른 제사 풍습 등이 점차 강하게 자리 잡게 되었어.

활용 문장
- 조선은 **유교**를 국가를 다스리는 기본으로 삼았다.
- **유교**는 효도와 충성을 중요하게 생각한다.

어제 퀴즈! 왕조가 바뀌는 일을 뜻해. 조선이 □□혁명에 의해 세워진 나라야. 무엇일까?

5월 24일

역사 기초 용어

찬탈
(簒 빼앗을 찬 奪 빼앗을 탈)

왕위, 나라 등을 빼앗음

왕의 자리나 국가의 주인 자리를 억지로 빼앗는 것을 말해. 수양 대군이 조카 단종의 자리를 찬탈하여 왕위에 올라 세조가 된 역사도 있어. 단종이 왕위에 오른 지 3년 만에 벌어진 일이었지. 그 후 단종은 유배되었고 왕위를 빼앗긴 지 2년 만에 세상을 떠났어.

활용 문장
- 그들이 왕위를 **찬탈**하기 위한 계획을 세우기 시작했다.
- 왕위를 **찬탈** 당한 왕으로는 조선의 단종이 있다.

어제 퀴즈! 후궁(정식 부인 외의 부인)이 낳은 딸을 뭐라고 하지?

8월 6일 — 조선

역성혁명

(易 바꿀 역 姓 성씨 성 革 가죽 혁 命 목숨 명)

왕조가 바뀌는 일

원래 있던 왕을 몰아내고 다른 성씨를 가진 사람이 왕이 되는 것을 말해. 왕의 자격이 있다고 생각하는 자가 새로운 왕이 되는 거야. 고려 시대 말, 신진 사대부들이 고려의 마지막 왕인 공양왕을 대신하여 이성계를 왕으로 세워 새로운 국가인 조선을 세웠어. 고려의 왕씨 왕조가 조선이라는 이씨 왕조로 바뀌게 된 거야.

활용 문장
- 이성계는 **역성혁명**으로 조선을 세웠다.
- 왕조가 바뀌는 것을 **역성혁명**이라고 한다.

어제 퀴즈! 고려 말에 힘을 가지고 조선을 세운 사람들을 뭐라고 해?

5월 25일 | 역사 기초 용어

승하
(昇 오를 승 遐 멀 하)

임금이 세상을 떠남을 높여 이르는 말

임금이나 귀한 자리의 사람이 세상을 떠난 것을 높여서 이르는 말이야. 흔히 '임금님이 승하하셨다.'라고 말해. 비슷한 말로는 붕어(崩 무너질 붕 御 거느릴 어)가 있어. 조선 왕들의 평균 수명은 44세였다고 해. 일이 너무 많아서 제대로 쉬지도 못하고 하루 종일 일했기 때문이야.

한 걸음 더! '죽다'라는 뜻을 지닌 말이 참으로 많아. 죽다, 돌아가시다, 사망하다, 별세, 운명, 작고, 타계, 붕어, 승하, 서거 등인데 대부분 그 사람의 지위나 위치에 따라 부르는 말이 달라졌어.

어제 퀴즈! 왕위나 나라 등을 빼앗는 것을 뭐라고 하지?

8월 5일   조선

신진 사대부

(新 새로울 **신** 進 나아갈 **진** 士 선비 **사** 大 클 **대** 夫 지아비 **부**)

고려 시대 말 힘을 가지고 조선을 세운 사람들

고려가 끝나갈 때 쯤 나라를 더 좋게 바꾸기 위해 모인 사람들이야. 이색과 정몽주 등은 고려 왕조를 유지하면서 새롭게 바꾸어야 한다고 주장했어. 반면 정도전, 조준 등은 새로운 나라를 세워야 한다고 주장했지.

활용 문장

- **신진 사대부**는 원나라와 권문 세족으로부터 벗어나자고 주장했다.
- 고려 말, 힘을 가진 이들을 **신진 사대부**라고 한다.

어제 퀴즈!   조선을 세우는 데 큰 공을 세우고, 1차 왕자의 난 때 이방원에게 죽임을 당한 사람은?

5월 26일

고명대신
(顧 돌아볼 고 命 목숨 명 大 큰 대 臣 신하 신)

나랏일에 대해 임금의 부탁을 받은 신하

'고명'은 임금이 세상을 떠나며 세자나 믿는 신하들에게 남기는 부탁의 말을 뜻해. 그 부탁을 받은 신하를 '고명대신'이라고 하지. 임금이 세상을 떠나며 나라의 여러 일을 잘 보아 달라고 부탁받은 신하인 거지. 조선 시대 황보인과 김종서 등이 고명대신이 되어 어린 나이에 왕이 된 단종을 도우려고 애썼어.

활용문장

- 문종의 고명을 받은 황보인과 김종서, **고명대신**들은 뜻에 따라 나라를 돌보았다.
- 임금의 부탁을 받은 **고명대신**들은 나라를 잘 돌보기 위해 애썼다.

어제 퀴즈! 임금이 세상을 떠남을 높여 이르는 말로 '붕어'도 비슷한 뜻이야. '□□하셨다'라고 표현해. 뭘까?

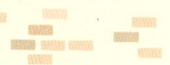
역사 기초 용어

8월 4일 — 조선

정도전

조선을 세우는 데 큰 역할을 한 사람
(1342년~1398년)

이성계를 도와 조선을 세우는 데 큰 공을 세운 사람, 즉 개국 공신이야. 나라를 세우는 데 성리학을 기본 사상으로 생각했고 한양으로 수도를 옮기자고 했어. 경복궁을 설계한 사람도 정도전이야. 1차 왕자의 난이 일어났을 때 이방원에게 죽임을 당하고 말았어.

한 걸음 더! 정도전은 나라를 새롭게 세워야 한다고 주장한 반면, 고려의 충성스러운 신하 정몽주는 고려를 유지하면서 서서히 고쳐 나가야 한다고 생각했어. 누구의 의견을 지지하니?

어제 퀴즈! 이성계가 위화도에서 군대를 돌려 온 사건을 뭐라고 하지?

5월 27일

역사 기초 용어

태평성대
(太 클 태 平 평평할 평 聖 성인 성 代 대신할 대)

임금이 잘 다스려 편안했던 시대

마음이 넓고 좋은 임금이 잘 다스려서 매우 편안하고 좋았던 세상, 살기 좋은 세상, 혹은 그러한 시대를 말해. '태평성대를 이루었다.'라고 흔히 표현하지. 천하태평(天下泰平)도 비슷한 말이야.

활용 문장

- 세종은 한글을 만들고, 백성들의 농사를 돕기 위한 농사법 책을 짓게 하는 등 **태평성대**를 이루기 위해 노력했다.
- 왕은 **태평성대**를 이룩하고 싶은 꿈이 있었다.

어제 퀴즈! 나랏일에 대해 임금의 부탁을 받은 신하를 뭐라고 하지?

8월 3일 | 조선

위화도 회군

(威 위엄 **위** 化 될 **화** 島 섬 **도** 回 돌아올 **회** 軍 군사 **군**)

이성계가 위화도에서 군대를 돌려 온 사건

고려 우왕의 명령으로 요동을 공격하기 위해 떠난 이성계가 위화도에서 군대를 돌려 온 사건을 말해. 돌아온 후 최영 장군과 우왕을 몰아낸 뒤 정치적으로 큰 힘을 가지게 되었어. 이 힘은 훗날 조선을 건국하는 데 기초가 되었지.

이성계는 4가지 이유를 들어 요동을 공격할 수 없다고 했어. 큰 나라를 상대로 전쟁할 수 없고 여름에 전쟁하면 전염병이 돌기 쉽다는 등의 이유인데, 이를 4불가론이라고 해.

 조선을 세운 사람은?

5월 28일

역사 기초 용어

권력
(權 권세 **권** 力 힘 **력**)

다른 이에게 미치는 힘

다른 사람을 지배하거나 자신에게 복종하게 만드는 힘이야. 나라도 권력을 가지고 있고 왕도 권력이 있지. 예로부터 높은 자리의 사람들은 이 힘을 가지기 위한 권력 싸움을 많이 했어.

활용 문장
- 고려 시대 때, 무신의 난 이후 무신들이 **권력**을 잡았다.
- **권력**을 잡기 위한 신하들의 싸움이 계속되었다.

어제 퀴즈! 임금이 잘 다스려 편안했던 시대를 뭐라고 하지?

8월 2일 / 조선

이성계

조선을 건국한 왕
(1335년~1408년)

이성계는 신진 사대부와 함께 고려를 무너뜨리고 역성혁명(왕조가 바뀌는 것)으로 조선을 세우고 태조가 되었어. 고려 시대 장군으로 활약하며 백성들의 마음을 얻었어. 고려 우왕과 최영의 명령으로 명나라 요동 땅을 공격하러 가다가 군대를 돌려 개경을 공격해 권력을 얻었지.

경기도 구리시 동구릉(서울 도성 동쪽에 있는 아홉 개의 능) 안에 태조 이성계의 무덤인 건원릉이 있어.

어제 퀴즈! 이성계가 세운 나라는?

5월 29일

역사 기초 용어

전성기
(全 온전할 전 盛 성할 성 期 기약할 기)

한창 잘 되던 시기

나라의 힘이 세거나 한창 성장하는 시기를 '전성기'라고 해. 역사책을 읽다 보면 각 나라가 가장 발전했던 시기와 그때 다스렸던 왕이 계속 나오는 것을 볼 수 있어. 그만큼 중요한 시기라는 뜻이야. 삼국 시대 때 각 나라는 한강을 차지했던 시기가 전성기였다는 것, 기억하지?

활용 문장

- 삼국은 한강을 차지했을 때 모두 **전성기**를 맞이했다.
- 백제는 근초고왕 때 **전성기**를 맞이했다.

어제 퀴즈! 다른 사람을 지배하거나 자신에게 복종하게 만드는 힘을 뭐라고 하지?

8월 1일 | 조선

조선
(朝 아침 조 鮮 고울 선)

이성계가 세운 나라
(1392년~1910년)

이성계가 한양을 수도로 세운 나라야. 고려를 무너뜨리고 세웠어. 1910년 일본에게 나라를 빼앗기기 전까지 519년 동안 27명의 임금이 있었지. 유교 사상을 기본으로 삼아 나라를 다스렸어.

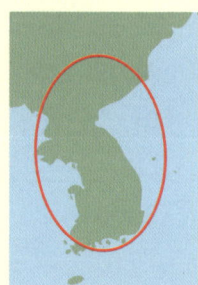

조선왕조실록은 조선 시대 제1대 왕 태조부터 제25대 왕 철종까지 472년간의 역사를 기록한 역사책이야.

어제 퀴즈! 고려의 충신으로, 새 나라를 세우자는 이방원의 뜻을 따르지 않아 선죽교에서 죽임을 당한 사람은?

5월 30일

역사 기초 용어

외교
(外 바깥 **외** 交 사귈 **교**)

다른 나라와 여러 가지로 관계를 맺는 일

다른 나라와 정치, 경제, 문화 등 여러 가지로 관계를 맺고 서로 교류하는 것을 말해. 우리나라는 지리적으로 가까운 일본이나 중국과 교류한 적이 많았어. 외교를 하면 전쟁도 피할 수 있고 많은 문물이 교류되면서 두 나라 모두 발전하곤 하지.

한 걸음 더! 다른 나라와의 관계는 참으로 중요해. 너희들의 친구 관계가 중요한 것처럼 말이야. 그래서 지금도 '외교부'라는 기관에서 다른 나라와의 일을 맡고 있어.

어제 퀴즈! 나라의 힘이 세거나 한창 잘 성장하는 시기를 뭐라고 하지?

8월

조선 전기

이성계가 세운 나라 조선,
조선은 일본에게 나라를 빼앗기기 전까지
총 27명의 왕이 다스린 나라예요.

조선은 사회가 많이 복잡해져서 여러 가지 사건도 많고
문화유산도, 인물도 많이 등장해요.

8월은 조선 전기와 관련된 용어를 살펴보면서,
어떻게 하나의 나라가 세워지고 발전해 갔는지
기억하면 좋겠어요.

5월 **31**일

역사 기초 용어

사신
(使 부릴 **사** 臣 신하 **신**)

다른 나라로 보내는 신하

임금이나 나라의 명령을 받고 다른 나라에 일하러 가는 신하를 '사신'이라고 해. 비슷한 말로는 '사절'도 있어. 조선의 경복궁 안에 있는 경회루에서는 다른 나라 사신이 왔을 때 잔치를 벌이기도 했대.

활용 문장
- 명나라 **사신**을 맞이할 준비를 했다.
- 임금의 명령을 받은 **사신**들은 외국에 갈 준비를 했다.

어제 퀴즈! 다른 나라와 정치, 경제, 문화 등 여러 가지로 관계를 맺고 서로 교류하는 것을 뭐라고 하지?

7월 31일 · 고려

정몽주

고려의 충성스러운 신하
(1337년~1392년)

고려 시대 말에 있었던 신하야. 고려 왕을 향한 충성심이 높았지. 젊을 때 과거 시험에 합격했고, 다른 나라와의 일도 잘했어. 하지만 새 나라를 세우자는 이방원의 뜻에 따르지 않아 선죽교에서 죽임을 당하고 말았지.

정몽주를 설득하기 위해 이방원은 〈하여가〉라는 시를 읊었어. 이에 대한 답으로 정몽주는 〈단심가〉를 지었는데 어떤 일이 있어도 고려에 충성하겠다는 내용이었어. 그의 충성심을 알 수 있는 시야.

고려 후기, 원나라에 기대어 힘을 가졌던 자들을 뭐라고 하지?

6월

가야 · 발해 · 후삼국

역사에 있었던 많은 나라 중
가야, 발해, 후삼국을 빼놓을 수 없어요.

우리나라 가장 아래쪽에 있다가 신라에 합쳐진 가야,
고구려를 이어받아 다시 세운 발해,
그리고 삼국이 무너지고 나서 다시 생긴 후삼국까지.
각각의 나라와 관련된 용어를 익혀 보세요.

나라로 존재했던 시기나 땅의 크기와 상관없이
어떤 나라든 의미 있었다는 것을 알게 될 거예요.

7월 30일   고려

권문세족
(權 권세 **권** 門 문 **문** 勢 기세 **세** 族 겨레 **족**)

고려 시대 후기, 힘을 가졌던 자들

고려 시대 후기, 높은 자리에서 힘을 가지고 있던 이들을 뜻해. 1170년 무신의 난이 일어나 그전에 힘이 있던 문신의 시대가 끝나면서 권문세족이 서서히 힘을 얻기 시작했어. 그리고 원 간섭기에 제대로 모습을 갖추게 되었지. 대대로 힘이 있던 자들이나 원나라의 힘을 활용해 권력을 얻은 자들이야.

활용문장

- 고려 후기 벼슬과 힘이 있던 자들을 **권문세족**이라고 한다.
- 문신의 시대가 끝나며 **권문세족**이 힘을 얻었다.

어제 퀴즈!   고려 시대, 부처님의 말씀을 모은 불경은?

6월 1일 의병의 날   가야

가야 시대
(伽 절 **가** 倻 땅 이름 **야** 時 때 **시** 代 대신할 **대**)

낙동강 근처에 나라가 6개 있던 시대
(기원후 42년~562년)

금관가야, 아라가야, 대가야, 소가야, 고령가야, 성산가야 여섯 나라가 있던 시대야. 가락국이라고도 했어. 농업이 발달했고 철기도 많이 만들어 중국, 일본에 수출했어. 532년 금관가야가 신라에게 멸망한 뒤, 하나둘 합쳐져 562년에 완전히 멸망했어.

 6개 가야의 근처에 있는 낙동강은 우리나라에서 가장 아래 남동쪽에 있어. 남한에서 가장 긴 강이지. 그럼 한반도에서 가장 긴 강은 어디일까? 바로 북쪽에 있는 압록강이야.

 다른 나라로 일하러 보내는 신하를 뭐라고 하지?

7월 29일 | 고려

팔만대장경
(八 여덟 팔 萬 일만 만 大 클 대 藏 감출 장 經 경서 경)

고려 시대, 부처님 말씀을 모은 불경

고려 시대 몽골이 쳐들어왔을 때 부처님께 도움을 구하려는 마음으로 만든 거야. 부처님의 말씀을 나무 판에 새겼는데 8만 장이 넘어 '팔만대장경'이라고 해. 다 만드는 데 16년이나 걸렸대.

탐방 정보: 팔만대장경판이 보관되어 있는 합천 해인사 장경판전은 유네스코 세계 유산이야. 자연 환경을 이용해 팔만대장경판을 훼손 없이 잘 보관하고 있어.

어제 퀴즈! 공민왕의 아내는?

6월 2일 | 가야

금관가야
(숲 쇠 **금** 官 벼슬 **관** 伽 절 **가** 倻 땅 이름 **야**)

가야의 대표 나라
(서기 전후~532년)

6개 가야의 대표적인 나라야. 김해의 가락국을 부르던 말이지. 가락국, 본가야라고도 불렀어. 지금의 김해 땅에 있었어. 그러다 532년 신라 법흥왕에 의해 합쳐졌어.

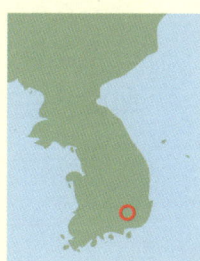

 **탐방 정보**
김해에 가면 김해 금관가야 휴게소라고 있어. 역사 속 나라의 이름으로 휴게소 이름을 지었다니, 궁금하지 않니? 여행을 가게 된다면 한번 들러 보면 어떨까?

 어제 퀴즈! 낙동강 근처에 6개 가야가 있던 시대를 뭐라고 하지?

7월 28일 고려

노국 공주

공민왕의 아내

원나라 위왕의 딸이야. 공민왕과 결혼해서 고려 왕비가 되었지. 공민왕과 무척 사이가 좋았는데 아이를 낳다 죽고 말았어. 노국 공주가 죽은 후 슬픔에 빠진 공민왕은 나라를 잘 돌보지 않았다고 해.

한 걸음 더!

개성의 봉명산에는 공민왕과 노국 공주가 나란히 묻힌 무덤이 있어. 고려 시대 유일한 쌍릉이지. 『공민왕과 노국 공주』(권기경 글, 고정순 그림, 한솔수북)라는 동화책에는 두 사람의 사랑과 공민왕이 한 일이 잘 나와 있어.

 어제 퀴즈! 원나라로부터 벗어나려고 개혁 정치를 펼쳤던 왕이야. 누굴까?

6월 3일

가야

연맹 왕국
(聯 잇닿을 연 盟 맹세할 맹 王 임금 왕 國 나라 국)

여러 부족이 하나의 나라가 된 것

여러 부족이 모여 하나의 나라가 된 것을 '연맹 왕국'이라고 해. 나라의 힘을 키우고 나면 주변 부족 국가와 합치거나 혹은 공격해서 하나로 합치기도 했어. 가야가 6개 부족이 합쳐진 연맹 왕국이야.

한 걸음 더!

왕이 없고 군장이 다스리는 나라를 '군장 국가'라고 해. 연맹 왕국보다 더 아래의 개념이라고 할 수 있지. 고조선의 경우 처음에는 단군이 다스리는 군장 국가였고, 철기부터는 왕이 나라를 다스렸어.

어제 퀴즈! 6개 가야의 대표적인 나라로 김해의 가락국을 부르던 말이기도 해. 뭘까?

7월 27일

고려

공민왕

원나라로부터 벗어나고자 한 고려의 왕
(1330년~1374년)

고려 말, 원나라의 힘이 약해져갔고 이때 원나라에게 저항하고 나라를 바꾸려고 한 왕이야. 원나라가 차지한 북쪽 땅을 다시 찾았고, 원나라 풍습 등을 따르지 못하게 했어. 덕분에 고려는 원나라의 간섭으로부터 벗어날 수 있었고 왕권도 강화할 수 있었지.

 **한 걸음 더!** 공민왕은 원나라에 충성하지 않겠다는 의미로 왕들의 시호(왕이 죽은 후 받은 이름) 앞에 '충(忠 충성할 충)'자를 빼고 다시 지었어.

 **어제 퀴즈!** 고려가 원나라의 간섭을 받았던 시기를 뭐라고 부르지?

6월 4일

가야

김수로

금관가야의 첫 임금
(42년~199년)

금관가야의 첫 임금이야. 가락 지역에 살던 사람들은 당시 촌락을 이루어 살았는데 어느 날 하늘에서 내려온 상자 안에 알이 있었고 그중 알 하나에서 나온 사람이 '김수로'야. 사람들은 그를 왕으로 세웠고 다른 알에서 나온 아이들도 각각 5개 가야의 왕이 되었어.

탐방 정보

경상남도 김해시에는 수로왕릉이 있어. 왕릉 구역 안에는 왕비의 능도 있지. 수로왕을 기리기 위해 숭선전 제례라는 행사도 매년 열고 있어.

어제 퀴즈! 여러 부족이 하나의 나라가 된 것을 뭐라고 하지? 가야가 이런 나라였어.

7월 26일

 고려

원 간섭기
(元 으뜸 원 干 방패 간 涉 건널 섭 期 기약할 기)

고려가 원나라의 간섭을 받았던 시기

몽골이 넓은 중국 땅을 통일한 후 원나라를 세웠어. 원나라는 고려를 간섭하기 시작했지. 고려의 왕은 원나라 공주와 결혼해야 했고, 원나라의 생활 모습 등을 따라 하게 했어. 원이 전쟁할 때는 고려의 군대와 각종 필요한 물건들을 주어야 했지. 백성들의 피해가 매우 컸다고 해.

 **한 걸음 더!**
원이 간섭했던 시기 왕들의 이름 앞에는 모두 '충(忠, 충성할 충)' 자가 붙어 있어. 충렬왕 – 충선왕 – 충숙왕 – 충혜왕 – 충목왕 – 충정왕이 원 간섭기의 왕들이야. 원나라에 충성하라는 뜻이지. 참 슬픈 일이지?

 어제 퀴즈! 고려 시대 무신 정권 때 있던 특수 군대로 강화, 진도, 제주로 옮겨 다니며 몽골과 대항한 군대는?

6월 5일 | 가야

우륵

가야금을 전한 가야의 음악가

490년 즈음 대가야에서 태어난 음악가야. 대가야 왕의 명령에 따라 가야금으로 연주하는 노래 12곡을 만들어 알렸어. 그 뒤 가야의 상황이 어지러워지자 가야금을 들고 그의 제자와 함께 진흥왕에게 항복했는데, 진흥왕은 그를 맞이해서 우륵의 일을 다른 사람이 이어받을 수 있게 했다고 전해져.

탐방 정보: 경상북도 고령군에 가면 우륵 박물관이 있어. 매년 가을에 열리는 대가야 축제 때 우륵을 기억하고자 추모 행사를 한대.

어제 퀴즈! 금관가야를 세운 사람은 누구야?

7월 25일 — 고려

삼별초

(三 석 **삼** 別 다를 **별** 抄 뽑을 **초**)

고려 시대 무신 정권 때 있던 특수 군대

최씨 정권 때 만들어진 군대야. 경찰 역할을 하는 좌별초와 우별초, 몽골에 포로로 잡혀갔다가 도망 온 사람들로 만든 신의군을 합해서 부르는 말이야. 무신이 나라를 다스린 시기가 끝나고 수도를 다시 개경으로 옮겼는데도 삼별초는 몽골하고 계속 싸웠어. 강화도, 진도, 제주도로 옮겨 싸웠지만 결국 제주에서 지고 말았어.

탐방 정보: 인천광역시 강화군에는 삼별초를 기억하기 위한 삼별초 비석이 세워져 있어.

어제 퀴즈! 고려의 수도는?

6월 6일 현충일 — 발해

남북국 시대

(南 남녘 **남** 北 북녘 **북** 國 나라 **국** 時 때 **시** 代 대신할 **대**)

발해와 신라가 있던 시대

발해가 세워진 때부터 멸망할 때까지 한반도 남쪽에는 통일 신라가 있었어. 통일 신라는 북쪽에 있던 발해를 '북국'이라고 불렀지. 그래서 이 시기는 남쪽에는 통일 신라, 북쪽에는 발해가 있었다고 해서 '남북국 시대'라고 부르기도 해.

발해 / 신라

한 걸음 더! 남북국 시대라는 용어는 조선 후기 실학자인 유득공이 발해 역사책 '발해고'에서 처음 사용했어. 통일 신라 시대라고 부르는 것과 남북국 시대라고 부르는 것은 어떤 차이가 있는 것 같니?

어제 퀴즈! 가야금을 전한 가야의 음악가는 누구지?

7월 24일 — 고려

개경
(開 열 개 京 서울 경)

고려의 수도, 개성의 옛날 이름

고려의 수도야. 고려 왕실에서는 몽골 침입으로 강화도로 천도(수도를 옮기는 것)했다가 다시 개경으로 환도(원래 수도로 다시 돌아오는 것)했어. 정치, 경제, 문화의 중심지였지. 고려의 유물, 유적이 많이 남아 있는 곳이었어.

활용 문장
- **개경**은 고려의 수도로 현재는 북한에 속해 있다.
- **개경**은 현재 개성으로 불린다.

어제 퀴즈! 몽골이 쳐들어왔을 때 옮겼던 고려의 수도는?

6월 7일

발해

발해
(渤 바다 이름 발 海 바다 해)

고구려를 다시 일으킨 나라
(698년~926년)

698년에 대조영이 고구려 유민들과 말갈족을 모아 세운 나라야. 처음 이름은 '진'이었고, 713년부터 '발해'라고 불렀어. 전성기 때 당나라가 바다 건너 동쪽의 매우 발전한 나라라는 뜻으로 '해동성국'이라 불렀어. 9세기 때 한창 발전하다가 926년 거란에 의해 멸망했어.

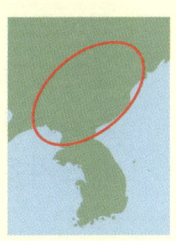

중국은 지금의 중국 땅 안에서 있었던 역사를 모두 중국의 역사로 만들기 위한 일을 오래전부터 했어. 이걸 '동북공정'이라고 해. 현재의 중국 땅에 있던 고구려와 발해 역사 모두 자신들의 역사로 만들려고 하고 있어. 이에 대해 어떻게 생각해?

발해와 통일 신라가 한반도에 같이 있던 시대를 뭐라고 부르지?

7월 23일 · 고려

강화도
(江 강 華 빛날 化 島 섬 도)

몽골이 쳐들어왔을 때 옮겼던 고려 수도

고려가 수도를 옮긴 곳이야. 무신 정권 기간 최씨 집안(최우)이 정권을 잡고 있을 때, 몽골이 쳐들어오자 최씨 집안 사람들은 왕과 신하들만 데리고 강화도로 도읍을 옮겼어. 강화도는 섬이어서 바다에 약한 몽골이 쉽게 오지 못할 거라고 생각했거든.

탐방정보 인천광역시 강화군 강화읍에 가면 고려의 궁궐터인 고려궁지가 있어. 39년간 이곳에 궁궐이 있었지.

어제 퀴즈! 무신의 난 때 거제도로 쫓겨난 왕은?

6월 8일

발해

대조영

발해를 세운 시조
(?~719년)

고구려의 유민(나라 잃은 백성) 중 한 사람이었어. 고구려 유민들은 말갈족과 함께 당나라의 지배를 받았어. 대조영은 이들을 이끌고 698년 동모산을 수도로 정해서 발해를 건국했고, 힘이 센 나라로 잘 이끌어 갔어.

활용 문장

- **대조영**은 발해를 건국한 시조이다.
- **대조영**은 동모산으로 도읍을 정했다.

어제 퀴즈! 대조영이 고구려를 다시 일으켜 세운 나라를 뭐라고 하지?

7월 22일 | 고려

의종

고려 시대 제18대 왕
(1127년~1173년)

인종의 첫째 아들로, 책을 좋아했다고 해. 문신을 무신보다 더 높이 여겨 잘 대해 주다가 무신들에게 원망을 샀지. 정중부가 일으킨 무신의 난으로 인해 거제도로 쫓겨났어. 이후 무신 이의민에게 죽임을 당했지.

의종의 유배지는 거제 둔덕기성이야. 본래 이름은 '폐왕성(廢 폐할 폐 王 왕 왕 城 재 성)'이었다고 해. 폐위(임금의 자리에서 쫓겨난 왕)된 왕이 있던 성이라는 뜻이지.

최충헌의 노비 만적이 일으킨 노비 해방 운동은?

6월 9일 — 발해

동모산
(東 동녘 **동** 牟 소 울 **모** 山 메 **산**)

발해의 첫 수도

698년 대조영이 발해를 건국한 후 약 30년간 발해의 수도였어. 중국 길림성 돈화시에 있었지. 사방이 험한 산맥으로 둘러싸여 있었어. 그래서 방어력이 뛰어난 지역이었지. 근처에서 발해 유물들이 많이 발굴되기도 했대.

활용 문장
- **동모산**은 현재 중국 길림성 돈화시에 있는 옛 발해의 수도다.
- 발해의 수도 **동모산**에 올랐다.

어제 퀴즈! 발해를 세운 시조는?

7월 21일

고려

만적의 난
(萬 일 만 積 쌓을 적 亂 어지러울 난)

최충헌의 노비 만적이 일으킨 노비 해방 운동

최충헌의 노비인 만적이 중심이 되어 일어난 반란이야. 노비라는 신분에서 벗어나기 위해서였어. 고려 시대는 엄격한 신분 질서가 강조되었는데, 노비의 경우는 맨 아래에 위치했어. 만적은 최충헌과 주인을 죽인 다음 노비 문서를 불태우기로 했지. 하지만 노비 순정이 이를 알리는 바람에 실패로 끝나고 말았어.

"왕후장상(王 임금 왕 侯 제후 후 將 장수 장 相 재상 상)의 씨가 따로 있나?"는 진나라 말, 진승·오광의 난에서 나온 말인데 만적이 그 말을 빌려서 말한 거야. 누구나 노력하면 왕이나 귀족 같은 높은 자리에 갈 수 있다는 뜻이지.

어제 퀴즈! 무신의 난 이후 60년간 이 집안이 고려를 다스린 시기를 이렇게 불러. 무엇일까?

__6월__
__10일__ 6·10 만세 운동 기념일 발해

오경
(五 다섯 **오** 京 서울 **경**)

발해 시대 때 5개의 수도

발해는 상경, 중경, 동경, 서경, 남경 다섯 개의 수도가 있었어. 그중 가장 오랜 시간(160년간) 수도였던 곳은 상경이야. 상경은 정치·외교·교육·문화의 중심지 역할을, 중경은 재정·경제·군사 기능을, 동경은 해상 교통과 외교 역할을 했대. 서경은 당나라와 관련된 정치 역할을, 남경은 신라와의 관계와 관련된 일을 했대.

상경성은 당시 동아시아에서 두 번째로 큰 도시였다고 해. 제1 궁전터에서는 장엄한 표정의 용머리 조각도 발견되었지. 발해의 강인함이 느껴지지 않니?

발해의 첫 수도는?

7월 20일 — 고려

최씨 정권
(政 정사 **정** 權 권세 **권**)

60년간 최씨 집안이 고려를 다스린 때

무신이 고려를 다스릴 힘을 얻은 후 정중부부터 시작해 경대승, 이의민이 나라를 다스렸어. 그러다 최씨 집안이 60년 동안이나 고려를 다스렸는데, 이 시기를 '최씨 정권' 시기라고 해. 최충헌부터 시작해 최우·최항·최의로 이어졌어.

한 걸음 더! 최충헌은 고려를 다스리기 위해 교정도감과 도방을 만들었어. 교정도감은 정치를 위해 만든 곳이고, 도방은 그들을 지키기 위한 병사 조직이야.

어제 퀴즈! 무신의 난을 일으킨 사람으로 문신 김돈중에게 수염이 불태워지는 일을 겪은 사람은?

6월 11일 | 발해

걸걸중상

대조영의 아버지
(629년~698년)

대조영의 아버지로 말갈족 출신이야. 고구려가 멸망한 후, 당나라에 의해 영주 지역(중국에 있던 곳)으로 끌려갔다가 고구려 유민과 말갈족을 이끌고 고구려를 다시 일으키고자 하는 일에 앞장섰어. 그러다 발해가 세워지기 전 세상을 떠났어.

활용 문장
- **걸걸중상**은 당나라 군과 싸우다 전사(전쟁터에서 싸우다 죽음)했다.
- 대조영의 아버지는 **걸걸중상**이다.

어제 퀴즈! 발해 시대 때 5개의 수도를 뭐라고 부르지?

7월
19일

고려

정중부

무신의 난을 일으킨 사람
(1106년~1179년)

정중부는 문신 김돈중이라는 사람에게 수염이 불태워지는 일을 겪었어. 계속되는 무신에 대한 차별에 화가 난 그는 무신의 난을 일으켰지. 정중부는 나라를 다스리고 싶어했으나 왕의 자리에 오르진 않았어. 계속 무신 독재 정치를 하다 무신 경대승이라는 사람에게 죽임을 당했어.

'한국을 빛낸 100명의 위인들' 노래에 보면 정중부 이름 앞에 무단 정치라는 말이 있어. 무단 정치(武 굳셀 무 斷 끊을 단 政 정사 정 治 다스릴 치)는 한자처럼 힘으로 다스리는 것을 말해.

고려 시대 무신들이 문신과의 차별에 맞서 일으킨 난은?

6월 12일

무왕

발해의 두 번째 왕
(?~737년)

발해 시조(처음 임금)인 대조영의 아들이자 발해의 두 번째 왕이야. 본래 이름은 대무예이고, 정복에 힘을 써 땅을 많이 넓혔어. 발해 역사상 처음으로 일본하고 교류하며 친하게 지내기도 했어. 당과 통일 신라를 견제하기 위해서였지.

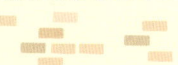

 삼국 시대 중 하나인 백제에도 무왕이 있었어. 백제 제30대 왕으로 600년~641년까지 왕의 자리에 있었지. 이름이 같으니 헷갈리지 않게 조심해야 해.

 발해의 첫 임금인 대조영의 아버지는 누구지?

7월 18일 — 고려

무신의 난
(武 굳셀 무 臣 신하 신 亂 어지러울 난)

무신들이 일으킨 난
(1170년)

고려 문신들에 비해 늘 차별받았던 무신들이 참다 못해 1170년에 난을 일으켰어. 그 결과 무신들이 힘을 갖게 되었고, 이들이 다스렸던 시기를 '무신 정권'이라고 해. 1170년부터 1270년까지 무신 중심으로 정치가 행해졌어. 그전까지는 문신 중심으로 정치를 했거든. 그래서 무신들에 대한 차별 대우가 있었던 거지.

한 걸음 더! 공민왕릉에는 문신과 무신의 석상(사람이나 동물의 모습을 돌로 만든 것)이 있어. 문신의 상이 무덤 가까이 더 높게 자리하고 있지. 이것만 보아도 차별이 있었다는 것을 알 수 있어.

어제 퀴즈! 고려의 신하 중 정치나 사무 일을 맡은 신하는?

6월 13일 발해

문왕

발해의 세 번째 왕
(?~793년)

무왕의 아들로, 무왕이 세상을 떠난 후 발해 왕이 되었어. 발해 발전에 많은 힘을 쏟은 왕이야. 당나라와의 오랜 전쟁도 끝내고 외교를 맺어 문화를 발전시켰어. 발해가 강하고 튼튼한 나라가 되도록 잘 다스렸지. 발해의 성장을 위해 수도를 세 번 옮기기도 했어.

 문왕은 70세가 넘을 때까지 살았어. 그래서 그의 첫 번째 아들은 왕이 되지 못하고 문왕보다 먼저 죽었다고 해.

 발해의 두 번째 왕으로 대조영의 아들이야. 누굴까?

7월 17일 제헌절 고려

문신
(文 글월 문 臣 신하 신)

정치나 사무 일을 맡은 고려의 신하

고려 신하 중 나라의 사무, 정치, 행정 등의 일을 했던 신하들이야. 무신보다 더 좋은 대우를 받으며 더 높은 자리에 올라갈 수 있었어. 거란과 맞서 싸운 고려 시대의 서희나 강감찬 등은 모두 문신이었어.

활용 문장
- 귀주 대첩을 승리로 이끈 강감찬은 장군이어서 무신이라고 생각할 수 있지만 고려의 **문신**이었다.
- 고려 **문신**들은 무신들을 무시하기도 했다.

어제 퀴즈! 고려의 신하 중 군사 일을 맡은 신하는?

발해

6월 14일

정혜 공주

문왕의 둘째 딸
(737년~777년)

정혜 공주에 대한 역사 기록은 없었는데 묘와 묘비가 발견되면서 알려졌어. 1949년 중국 길림성에서 발견된 무덤 안에 돌사자 상 2개가 나왔다고 해. 마흔 살에 세상을 떠났어.

정혜 공주와 정효 공주는 모두 아버지 문왕보다 먼저 세상을 떠나고 말았어. 두 딸을 잃은 문왕의 마음은 어땠을까? 딸을 잃은 문왕은 음악 연주를 금지시켰다고 해. 그 마음을 짐작할 수 있겠지?

어제 퀴즈! 발해의 세 번째 왕으로 발해 문화 발전에 많은 힘을 쏟았어. 누구지?

7월 16일 · 고려

무신
(武 굳셀 무 臣 신하 신)

군사 일을 맡은 고려의 신하

고려의 신하는 무신과 문신으로 나뉘어. 그중 무신은 군사와 관련된 일을 하는 사람들이야. 무신들은 문신들에 비해 대우를 받지 못했어. 그래서 1170년에 힘을 합쳐 난을 일으켰어. 이 사건을 '무신의 난'이라고 해.

한 걸음 더! 문신 김돈중이 무신 정중부의 수염을 촛불로 태우는 사건이 있었어. 문신이 무신을 얼마나 무시했는지 보여주는 사건이지.

어제 퀴즈! 강감찬 장군의 전술로 승리한 고려와 거란 사이의 전투는?

6월 15일

발해

정효 공주

문왕의 넷째 딸
(757년~792년)

정효 공주의 무덤에서 벽화가 발견되었어. 벽화에 그려진 그림을 통해 발해 사람들의 모습, 옷차림 등을 알 수 있었어. 남편과 아이를 잃고 자신도 서른 여섯 살에 세상을 떠나 아버지 문왕이 무척 슬퍼했지.

한 걸음 더!

발해는 역사 기록이 많이 없었어. 그런데 정효 공주의 무덤이 발견되면서 초기 발해 역사의 많은 사실을 알 수 있게 되었어. 그 덕분에 우리도 이렇게 발해 역사를 알게 된 거지.

어제 퀴즈! 발해 문왕의 둘째 딸은 누구야?

7월 15일 고려

귀주 대첩
(龜 거북 귀 州 고을 주 大 큰 대 捷 이길 첩)

강감찬 장군의 전술로 승리한 고려와 거란 사이의 전투
(1019년)

1019년 강감찬이 거란의 10만 대군을 물리친 싸움이야. 거란은 송나라를 차지하고 싶었는데 송나라와 친한 고려가 마음에 걸려 소배압을 앞세워 쳐들어왔어. 강감찬은 쇠가죽으로 냇물을 막았다가 거란 군이 지나갈 때 물을 한번에 흘려 보냈어. 2,000명도 안 되는 군사만이 살아 돌아갔지.

강감찬 장군의 귀주 대첩과 더불어 을지문덕 장군의 살수 대첩, 이순신 장군의 한산도 대첩을 우리나라 3대 대첩이라고 해.

어제 퀴즈! 귀주 대첩을 승리로 이끈 고려의 장수는?

6월 16일

발해

선왕

발해의 10번째 왕이자 전성기를 이끈 왕
(?~830년)

발해의 제10대 왕으로 818년~830년까지 왕의 자리에 있었어. 고구려 전성기 때보다 더 많은 영토를 차지하며 발해를 발전시켰지. 선왕 때가 발해 최대 전성기였고 당나라 왕이 발해를 '해동성국'이라고 부르기도 했지. 발해의 경제 발전을 위해서 당나라, 일본과 무역을 하기도 했어.

선왕은 무역도 열심히 했어. 일본에 수출한 담비 털은 인기가 많았지. 하지만 발해와의 무역으로 손해를 많이 입었던 일본은 무역을 꺼리기도 했어.

발해 문왕의 넷째 딸은 누구지?

7월 14일 | 고려

강감찬

귀주 대첩을 승리로 이끈 고려의 장수
(948년~1031년)

거란이 세 번째로 쳐들어왔을 때 크게 이긴 장수야. 1019년에 거란의 소배압이라는 사람이 10만 대군을 이끌고 왔을 때 귀주에서 거란을 물리쳤어. 그 후로 거란은 다시 쳐들어오지 않았대. 고구려의 을지문덕, 조선의 이순신과 함께 나라를 구한 3인으로 불리기도 해.

탐방 정보

서울 지하철 역 중 낙성대 역이 있어. 강감찬 장군이 태어난 집터인데, 강감찬 장군이 태어나던 날 밤하늘에서 큰 별이 떨어져 떨어질 '락(낙)', 별 '성'을 넣어 낙성대가 되었다고 해.

어제 퀴즈! 서희의 외교로 전쟁하지 않고 차지한 땅은?

6월 17일 · 발해

해동성국
(海 바다 해 東 동녘 동 盛 성할 성 國 나라 국)

매우 발전한 발해를 이르는 말

당나라는 영토를 넓힌 발해를 보고 '해동성국'이라고 불렀어. 바다 동쪽에 있는 무척 번성(크게 잘 되고 넓게 퍼지는 것)한 나라라는 뜻이지. 이 당시 발해는 영토뿐만 아니라 사회, 문화 여러 면에서 발전했어.

활용 문장
- 당나라가 **해동성국**이라고 부른 나라는 발해이다.
- **해동성국**은 바다 동쪽의 번성한 나라라는 뜻이다.

어제 퀴즈! 발해의 10번째 왕이자 전성기를 이끈 왕은 누구야?

7월 13일 | 고려

강동 6주
(江 강 **강** 東 동녘 **동** 六 여섯 **육** 州 고을 **주**)

서희의 외교로 전쟁하지 않고 차지한 땅

'강동 6주'는 서희가 소손녕과 담판을 지어 받은 땅이야. 압록강 동쪽으로 흥화, 용주, 통주, 철주, 귀주, 곽주 6개라서 6주라고 해. 고려는 군사, 교통의 중요한 곳인 강동 6주를 통해 대륙 세력의 침입을 막아내고 사람들의 생활 반경이 넓어지게 되었어.

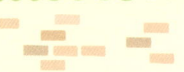

 그 이후 고려는 거란과 여진족이 오는 것을 막으려고 강동 6주 윗부분에 성을 쌓았어. 이 성을 '천리장성'이라고 해.

 서희와의 담판에서 굴복한 거란의 장수는?

6월 18일

발해

발해 석등

(渤 바다 이름 발 海 바다 해 石 돌 석 燈 등잔 등)

상경 성에 있는 돌로 만든 등

발해 상경 성에 있는 돌로 만든 등, 즉 불을 밝히기 위해 만들어진 석등이야. 높이가 무려 6.3m로 당시 발해의 문화재가 웅장했음을 짐작할 수 있어. 석등의 윗부분과 아랫부분의 연꽃 장식을 보면 고구려의 영향을 많이 받은 사실을 알 수 있어.

석등은 절에서 불을 밝히기 위해 만들었어.
발해도 불교의 나라였다는 것을 짐작할 수 있겠지?

어제 퀴즈! 매우 발전한 발해를 4글자로 이렇게 불러. 뭘까?

7월 12일 | 고려

소손녕

서희와의 담판에서 굴복한 거란의 장수
(?~996년)

거란의 장수야. 고려와 거란 전쟁을 이끈 소배압의 동생이기도 해. 993년에 군대를 거느리고 고려를 침략했어. 그리고 고려 땅을 빼앗으려고 했는데 고려의 신하 서희와 이야기하다가 오히려 강동 6주를 주고는 물러갔지.

활용 문장
- **소손녕**은 거란의 장수다.
- **소손녕**은 서희와의 담판에서 져서 강동 6주를 주고 물러갔다.

어제 퀴즈! 뛰어난 외교로 거란의 침입을 막은 고려 사람이야. '□□의 담판'이라는 말이 유명하지. 누구일까?

6월 19일 | 발해

발해 영광탑
(渤 바다 이름 발 海 바다 해 靈 신령 영 光 빛 광 塔 탑 탑)

현재 남아 있는 발해의 유일한 탑

백두산 근처 장백진이라는 곳에 있는 5층 탑이야. 전체 높이는 약 13m로 발해의 탑 중에서 모습이 남아 있는 유일한 탑이야. 원래 이름은 알 수 없고 오랜 세월에도 의연히 남아 있다는 의미로 '영광탑'이라는 이름을 붙였대.

활용 문장
- **발해 영광탑**은 발해에 남아 있는 유일한 탑이다.
- **발해 영광탑**의 원래 이름은 전해지지 않는다.

어제 퀴즈! 발해의 상경 성에 있는 돌로 만든 등 이름은 뭘까?

7월 11일   고려

서희

뛰어난 외교로 거란의 침입을 막은 사람
(942년~998년)

서희는 고려의 신하야. 993년 거란이 고려를 쳐들어 왔는데 서희가 거란의 장수를 만나 설득해서 물러나게 했어. 거란은 고려가 송나라와 친하게 지내는 것을 막고 싶었어. 서희는 친하게 지내지 않겠다고 하고, 대신에 압록강 쪽 땅을 돌려받았지. 이를 '서희의 담판'이라고 해.

한 걸음 더! 서희의 담판은 역사적으로 가장 성공한 외교라고 평가 받고 있어. 상대의 의도를 잘 파악했고 말솜씨도 뛰어났기 때문이지. 다른 사람을 설득할 때 어떤 점이 가장 중요한지 생각해 볼까?

어제 퀴즈! 10세기부터 13세기까지 중국에 있던 나라로 고려와 무역하며 비단, 약재, 서적 등을 팔았던 나라는?

6월 20일 — 발해

발해고

(渤 바다 이름 발 海 바다 해 考 생각할 고)

조선 후기 유득공이 쓴 발해의 역사책

조선 후기 실학자인 유득공이 쓴 발해의 역사책(1784년)이야. 유득공은 옛날 고려가 발해의 역사를 남기지 않은 것을 크게 안타까워했어. 그래서 우리나라와 중국의 역사서를 연구해서 썼어.

한 걸음 더! 유득공은 조선 시대 실학자야. 정조 때 규장각(조선 왕실 도서관)에서 일하는 도중 발해 기록을 보고 발해 역사책을 썼어.

어제 퀴즈! 현재 남아 있는 발해의 유일한 탑이야! 뭐지?

7월 10일

고려

송나라
(宋 송나라 송)

10세기부터 13세기까지 중국에 있던 나라

당나라 이후 중국이 5대 10국으로 나누어지는 시기가 있었어. 70여 년간 이어지다가 다시 하나로 만든 게 '송나라'야. 고려와 무역을 활발히 했는데, 고려는 송나라로부터 비단, 약재, 서적 등을 샀어. 송나라는 고려로부터 도자기, 종이, 먹 등을 사 갔지.

고려의 인삼과 종이는 인기가 많았어. 인삼은 약효가 좋았고, 좋은 종이를 보면 고려 종이 같다고 할 만큼 질기고 색도 좋았대. 우리가 상인이라면, 우리나라의 어떤 물건을 수출하고 싶은지 이야기해 볼까?

고려 시대 때 국제 무역 항구는?

6월 21일

거란

5세기쯤 중국 동북 지방에서 일어난 부족이자 나라

거란은 야율아보기(요나라의 첫 번째 왕)가 여러 부족을 합쳐 916년에 세운 나라야. 부족 이름을 뜻하기도 해. 거란은 926년에 발해를 공격해 없애고 중국의 화북 지방까지 차지한 다음, 나라 이름을 '요'로 바꿨어.

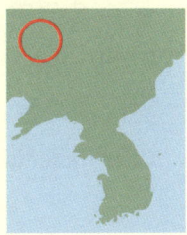

 발해는 세워진 지 229년 만에 거란에 의해 멸망했어. 나라를 잃은 발해 유민 중 많은 이들은 고려로 건너가 살았지. 짧은 역사지만 발해는 고구려를 이었던 소중한 우리 역사야.

 조선 실학자 유득공이 쓴 발해의 역사책 이름은?

7월 9일

고려

벽란도
(碧 푸를 벽 瀾 물결 란 渡 건널 도)

고려 시대 때 국제 무역 항구

수도 개경과 연결된 예성강 아래 지역에 위치했던 항구야. 물이 깊어서 배가 자유롭게 드나들 수 있었어. 송나라 상인, 일본 상인, 아라비아 상인이 이곳에 와서 고려와 물건을 사고팔았지. 우리나라는 이때 '코리아'라고 세계에 알려지기 시작했어.

 한 걸음 더!

나라끼리 서로 물건을 사고파는 일을 무역이라고 해. 무역을 위해 배가 드나드는 곳이 무역항이지. 현재 우리나라는 인천, 당진, 부산, 포항 등 여러 곳에 무역항이 있어.

 어제 퀴즈! 고려와 조선에 있었던 관리를 뽑는 제도는?

6월 22일   후삼국

후삼국 시대
(後 뒤 **후** 三 석 **삼** 國 나라 **국** 時 때 **시** 代 대신할 **대**)

신라, 후백제, 후고구려가 있던 시기
(900년~936년)

신라, 후백제, 후고구려 세 나라가 있던 시대를 '후삼국 시대'라고 해. 통일 신라 이후 다시 세 개로 나누어진 거지. 처음에는 후백제의 힘이 강했지만 점차 힘을 잃어 멸망했어. 신라는 친하게 지냈던 고려에게 나라를 넘겼어. 이후 후삼국은 고려로 통일되었지.

활용 문장
- 신라, 후백제, 후고구려가 있던 시대를 **후삼국 시대**라고 한다.
- **후삼국 시대**는 나중에 고려로 통일되었다.

어제 퀴즈!   발해를 멸망시켰으며 5세기쯤 중국 동북 지방에서 일어난 부족이자 나라는?

7월 8일 | 고려

과거 제도
(科 품등 과 擧 들 거 制 억제할 제 度 법도 도)

고려 시대와 조선 시대 때 관리를 뽑는 제도

고려 시대와 조선 시대 때 관리를 뽑기 위한 시험이야. 고려 광종 때 시작되었어. 문관을 뽑는 문과, 승려를 뽑는 승과, 기술관을 뽑는 잡과가 있었어. 조선 시대에는 승과가 없어지고 무신을 뽑는 무과가 생겼어.

한 걸음 더! 고려 시대, 높은 관리나 나라를 위해 큰일을 한 사람의 자손은 과거를 보지 않고 관리가 되기도 했어. 이를 음서 제도라고 해.

어제 퀴즈! 고려 시대 때 있었던 질병 치료 기관은?

6월 23일

후삼국

호족
(豪 호걸 호 族 겨레 족)

지방에서 힘을 가지고 우두머리 역할을 하는 사람들

나라의 중심부가 아닌 지방에서 힘이 있었던 사람들을 말해. 군대도 거느리고 한 지방을 다스리기도 했어. 신라가 끝나갈 무렵 호족이 많아졌는데 호족들의 힘이 너무 크면 왕의 힘이 약해질 수 있었어.

한 걸음 더!
힘이 있으려면 무엇이 있어야 할까? 경제적으로도 힘이 있고, 군사도 거느려야 할 거야. 고려에서는 호족으로 인해 왕권이 약해질까 봐 이들의 힘을 약하게 하려고 많이 노력했어.

어제 퀴즈! 신라, 후백제, 후고구려가 있던 시기를 뭐라고 부르지?

7월 7일   고려

혜민국
(惠 은혜 **혜** 民 백성 **민** 局 판 **국**)

고려 시대의 질병 치료 기관

고려 시대, 백성들의 질병을 치료하기 위해 1112년에 만든 곳이야. 가난한 사람들에게 무료로 약을 주고 치료해 주었어. 이 기관은 조선 시대까지 이어졌어. 조선 시대에는 '혜민서'라고 불렸대.

활용 문장
- 고려 시대의 **혜민국**은 사람들의 질병 치료에 도움을 주었다.
- **혜민국**은 조선이 세워진 후에도 유지되었다.

어제 퀴즈!   고려 시대에 물건 값을 조절하던 기관은?

6월 24일

후삼국

후백제
(後 뒤 **후** 百 일백 **백** 濟 건널 **제**)

견훤이 전라도 지방에 세운 나라
(900년~936년)

통일 신라가 끝나갈 무렵, 900년에 견훤이 세운 나라야. 견훤은 완산주(현재의 전주)를 도읍으로 정하고 백제를 다시 일으킨 '후백제'를 세웠어. 강한 힘을 가지고 나라를 발전시켰지만, 930년 고창 전투에서 왕건에게 진 후 약해졌고, 936년 고려에 의해 망하고 말았어.

활용 문장
- **후백제**는 수도를 완산주로 하여 견훤이 세운 나라다.
- **후백제**는 고려에 의해 멸망했다.

어제 퀴즈! 지방에서 힘을 가지고 우두머리 역할을 하는 사람들을 뭐라고 할까?

7월 6일   고려

상평창
(常 항상 **상** 平 평평할 **평** 倉 곳집 **창**)

고려 시대에 물건 값을 조절하던 기관

고려 성종 때(993년) 처음 운영한 상평창에서는 물건 값이 쌀 때 물건을 미리 사 두었다가 값이 오르면 물건을 풀어서 물건 값을 조절했어. 이 제도는 조선 시대까지 이어졌고, 백성들은 큰 도움을 받았지.

 **한 걸음 더!** 물가를 안정시켜 국민들이 안정적으로 생활하도록 돕는 지금의 기관은 '한국은행'이야.

어제 퀴즈! 매해 11월에 열린 고려 최대의 불교 행사는?

6월 25일

6·25 전쟁일

후삼국

공산 전투

(公 공평할 공 山 메 산 戰 싸울 전 鬪 싸움 투)

경상북도 팔공산에서 있었던 고려와 후백제의 전투
(927년)

후백제의 견훤이 신라를 공격했고, 신라가 왕건에게 도움을 요청해 시작된 싸움이야. 견훤은 신라 경애왕이 스스로 목숨을 끊게 만들었어. 왕건은 철수하는 후백제와 공산에서 전투를 벌였지만 크게 지고 말았어. 신숭겸이 왕건 역할을 대신해 왕건은 목숨을 건졌지. 후백제가 크게 이긴 전투야.

한 걸음 더!

경애왕은 신라가 혼란스러운 시기일 때 왕이 되었어. 《삼국사기》에는 경애왕이 포석정에서 잔치를 즐기다 잡혀가 스스로 목숨을 끊었다고 기록되어 있기도 해.

어제 퀴즈! 견훤이 전라도 지방에 세운 나라는?

7월 5일

고려

팔관회
(八 여덟 팔 關 관계할 관 會 모일 회)

11월에 열린 고려 시대 최대 불교 행사

'팔관'은 지켜야 할 8가지 규범(훔치지 말 것, 거짓말하지 말 것 등)을 불교 신자들이 약 하루 동안 지키는 행사로 삼국시대부터 시작되었어. 이 행사가 고려에 와서 하늘 신, 강 신 등에게 나라의 안정과 복을 빌며 제사를 지내게 되었지. 해마다 11월 보름에 열렸고, 송나라 사신 등 다른 나라 사람도 초청한 국제적 행사이기도 했어.

 팔관회와 같은 불교 행사로 연등회도 있었어. 음력 정월 대보름에 불을 켜고 부처에게 복을 비는 행사지. 연등회는 오늘날까지 이어져 매년 부처님 탄생일에 열리고 있어.

 불교를 믿고 따르게 하는 정책을 뭐라고 하지?

6월 26일

후삼국

고창 전투

(古 옛 고 昌 창성할 창 戰 싸울 전 鬪 싸움 투)

고창군 병산에서 벌어진 고려와 후백제의 전투
(930년)

경상북도 안동 고창 지역에서 벌어진 고려와 후백제의 전투야. 공산 전투에서 부하를 잃고 패한 후 왕건은 복수를 다짐했어. 왕건은 후백제의 견훤과 다시 한 번 싸웠지. 이 전투에서 고려가 승리했고, 견훤은 군사를 모두 잃고 도망쳤어. 이후 후백제는 나라 힘이 점점 약해져갔지.

활용 문장
- **고창 전투**는 고려 왕건이 후삼국을 통일할 힘을 얻은 전투이다.
- **고창 전투**가 벌어진 고창은 지금의 안동이다.

어제 퀴즈! 927년 경상북도 팔공산에서 있었던 고려와 후백제의 전투는?

7월 4일 · 고려

숭불 정책
(崇 높을 **숭** 佛 부처 **불** 政 정사 **정** 策 꾀 **책**)

불교를 믿고 따르게 하는 정책

'숭불'은 불교를 높이 받드는 것을 말해. 왕건은 모든 백성이 불교를 믿고 따르게 하는 '숭불 정책'을 펼쳤어. 절과 탑을 많이 세우고 승려를 극진히 대접했지. 팔관회나 연등회 같은 불교 행사를 열어서 백성들에게 은혜를 베풀기도 했어.

반대로 불교를 제한하는 것은 '억불 정책'이라고 해. 유교를 믿도록 강조하는 것은 '숭유 정책'이라고 하지. 만약 유교는 믿게 하고 불교를 제한하면 '숭유 억불 정책'이 되겠지? 숭유 억불 정책은 조선에서 실시했어.

어제 퀴즈! 고려 시대, 노비를 양민으로 되돌려주기 위한 법은?

6월 27일

후삼국

견훤

후백제의 첫 번째 왕
(867년~936년)

신라의 장군이었던 견훤은 892년 무주(현재의 전라남도)를 차지하여 스스로 왕이 되었어. 900년에 도읍을 완산주(현재의 전주)로 옮긴 후 나라 이름을 후백제로 정했지. 후백제는 왕건에 의해 멸망하게 돼. 그 후 얼마 지나지 않아 견훤은 세상을 떠났어.

탐방정보: 충청남도 논산시에 가면 견훤의 무덤이 있어. 충청남도 기념물 26호로 지정되어 있지.

어제 퀴즈! 930년 당시 고창군 병산에서 있었던 고려와 후백제의 전투는?

7월 3일   고려

노비 안검법
(奴 종 **노** 婢 여자 종 **비** 按 누를 **안** 檢 검사할 **검** 法 법 **법**)

노비를 양민으로 되돌려주기 위한 법

광종 956년에 원래 양민이었던 노비를 다시 제자리로 되돌려주기 위해 만든 법이야. 신라 말부터 억울하게 노비가 된 사람들이 있었는데 호족들이 불법으로 데리고 있었거든. 노비로부터 풀어 주니 왕의 힘은 강해지고 반대로 호족의 힘은 약해졌어.

우리나라는 선사 시대부터 조선 시대까지 노비가 있었어. 주인에게 속해 있는 신분이라 자유가 없고 자식에게도 신분이 이어졌지. 남자 종은 '노', 여자 종은 '비'여서 '노비'라고 불렀는데, 정확하지 않다는 의견도 있어.

후삼국을 통일하고 고려를 세운 사람은?

6월 28일   후삼국

신검

후백제의 두 번째 왕

견훤의 첫째 아들이야. 견훤은 첫째 아들인 신검이 아니라 넷째 아들인 금강에게 왕의 자리를 주려고 했어. 그러자 신검은 아버지를 절에 가두고 금강을 죽인 후 왕이 되었지. 화가 난 견훤이 절을 탈출해 왕건의 편에 서서 공격을 했고 신검은 패배했어.

 신검이 아버지 견훤을 가둔 절은 금산사야. 견훤은 이곳에서 세 달 동안 갇혀 있다 탈출해 왕건에게 항복했어.

어제 퀴즈!   후백제를 세운 사람은?

7월 2일 | 고려

태조 왕건
(太 클 태 祖 할아버지 조 王 임금 왕 建 세울 건)

후삼국을 통일하고 고려를 세운 왕
(877년~943년)

송악의 호족 출신으로 궁예의 부하였어. 여러 공을 세워 높은 벼슬을 얻었지. 그러다 궁예가 포악한 행동으로 백성들의 마음에서 멀어지자 궁예를 몰아내고 나라 이름을 '고려'라고 바꾼 뒤 첫 임금이 되었어. 세금을 줄이고 지방에서 힘을 떨치던 호족을 달래고 불교를 널리 믿게 하여 나라를 점차 안정시켰어.

왕건은 세상을 떠나기 전 왕이 지켜야 할 10가지 도리를 남겼는데, 이를 《훈요10조》라고 해.

왕건이 세워 후삼국을 통일한 나라는?

6월 29일

후삼국

후고구려
(後 뒤 **후** 高 높을 **고** 句 구절 **구** 麗 고울 **려**)

신라 말 궁예가 세운 나라
(901년~918년)

후백제, 신라와 함께 후삼국의 하나로 궁예가 세웠어. 904년에는 나라 이름을 '마진'으로 바꾸고, 905년에는 수도를 '철원'으로 옮겼어. 911년에는 나라 이름을 '태봉'으로 다시 바꾸었어.

한 걸음 더! 나라 이름을 '후고구려'라고 지은 이유는 고구려를 잇겠다는 뜻이 담겨 있어.

어제 퀴즈! 견훤의 첫째 아들이자 후백제의 두 번째 왕은?

7월 1일

고려

고려
(高 높을 고 麗 고울 려)

왕건이 세워 후삼국을 통일한 나라
(918년~1392년)

왕건이 후고구려의 궁예를 몰아내고 918년에 송악(오늘날 개성)을 수도로 세운 나라야. 고려는 여러 문화 유산을 남겼고, 활발한 무역으로 고려라는 이름을 세계에 널리 알렸어. 점점 발전하던 고려는 1392년 이성계에게 왕의 자리를 넘기며 막을 내리게 되었어.

 **한 걸음 더!**

고려 역사는 조선 초에 세종 대왕의 명령으로 김종서, 정인지, 이선제 등이 기록했어. 이름은 《고려사》야.

 **어제 퀴즈!** 후고구려를 건국한 사람은?

6월 30일 — 후삼국

궁예

후고구려를 건국한 사람
(?~918년)

승려 출신으로 스스로 왕이 된 후에 자신을 미륵(미래의 부처)으로 불렀어. 사람들의 마음을 얻어 901년 후고구려를 건국했지. 그런데 자신의 말을 따르지 않거나 반대하는 이들을 심하게 처벌하는 등 점점 포악해져서 결국 쫓겨나고 말았어.

한 걸음 더!
궁예가 애꾸눈이었다는 것 알고 있니? 신라 왕족으로 태어난 궁예가 왕의 자리를 위협할까 봐 신라 헌안왕이 죽이라고 명령했어. 그래서 높은 곳에서 떨어졌는데, 그때 그를 구하려던 유모의 손가락에 찔려 애꾸눈이 되었어.

어제 퀴즈! 궁예가 세운 나라는?

7월

고려

우리나라 '코리아'는 '고려'에서 비롯되었어요.
고려를 발음하기 힘들었던 외국인들이 '코리아'라고 불렀거든요.

고려는 불교의 나라였기에 불교와 관련된 용어가 많이 나와요.
나라를 이끌어 갔던 사람들, 고려의 문화, 고려 안에서 벌어진 일들을
용어를 통해 하나씩 따라가 보세요.

하나의 나라가 얼마나 굳건히 존재하려고 애썼는지 느낄 수 있어요.